CONFESIONES

San Agustín

❄

CONFESIONES

Confesiones
San Agustín

D.R. © 2006 Editorial Lectorum, S.A. de C.V.,
Centeno 79-A, Col. Granjas Esmeralda
C.P. 09810, México, D.F.
Tel.: 55 81 32 02
www.lectorum.com.mx
ventas@lectorum.com.mx

L.D. Books
8313 NW 68 Street
Miami, Florida, 33166
Tel. (305) 406 22 92 / 93
ldbooks@bellsouth.net

Primera edición: julio de 2006
ISBN: 970-732-172-5

© Prólogo: Eugène Portalié

Impreso y encuadernado en México
Printed and bound in Mexico

Vida de San Agustín

Eugène Portalié

La extraordinaria vida de San Agustín se desdobla ante nosotros en documentos de riqueza sin rival, y no tenemos infor-
mación de ningún otro carácter de la antigüedad compara-
ble al de las *Confesiones*, que relatan la conmovedora historia
de su alma; las *Retractationes*, que exponen la historia de su
mente; y la *Vida de San Agustín*, escrita por su amigo Posidio,
que nos habla del apostolado del santo. Nos limitaremos a
esbozar los tres periodos de esta extraordinaria vida: 1) el gradual retorno a la Fe del joven descarriado; 2) el desarrollo
doctrinal del filósofo cristiano hasta el momento de su episcopado; 3) su llegada al trono episcopal de Hipona.

I. Desde su nacimiento hasta su conversión (354-386)

Agustín nació en Tagaste el 13 de noviembre de 354. Tagaste,
hoy Souk Ahras, a unas sesenta millas de Bona (la antigua
Hippo-Regius), era por aquel tiempo una ciudad pequeña y
libre de la Numidia preconsular que se había convertido

recientemente del donatismo. Su familia no era rica aunque sí eminentemente respetable, y su padre, Patricio, uno de los decuriones de la ciudad, todavía era pagano; sin embargo, las admirables virtudes que hicieron de Mónica el ideal de madre cristiana consiguieron, a la larga, que su esposo recibiera la gracia del bautismo y una muerte santa, alrededor del año 371.

Agustín recibió una educación cristiana. Su madre hizo que fuera señalado con la cruz e inscrito entre los catecúmenos. Una vez, estando muy enfermo pidió el bautismo pero pronto pasó todo peligro y difirió recibir el sacramento, cediendo así a una deplorable costumbre de la época. Su asociación con "hombres de oración" dejó profundamente grabadas en su alma tres grandes ideas: La Divina Providencia, la vida futura con terribles sanciones y, sobre todo, Cristo Salvador. "Desde mi más tierna infancia llevaba dentro de lo más profundo de mi ser, mamado con la leche de mi madre, el nombre de mi Salvador, Vuestro Hijo; lo guardé en lo más recóndito de mi corazón; y aún cuando todo lo que ante mí se presentaba sin ese Divino Nombre, aunque fuese elegante, estuviera bien escrito e incluso repleto de verdades, no fue bastante para arrebatarme de Vos" (*Confesiones*).

Pero una enorme crisis moral e intelectual sofocó todos estos sentimientos cristianos durante cierto tiempo, siendo el corazón el primer punto de ataque.

Patricio, orgulloso del éxito de su hijo en las escuelas de Tagaste y Madaura decidió enviarlo a Cartago a prepararse para una carrera forense; mas, desgraciadamente, se necesitaban varios meses para reunir los medios precisos y Agustín tuvo que pasar en Tagaste el decimosexto año de su vida disfrutando de un ocio que resultó ser fatal para su virtud, pues se entregó al placer con toda la vehemencia de una naturaleza ardiente. Al principio rezaba, pero sin el sincero deseo de ser escuchado, y cuando llegó a Cartago a finales del año 370 todas las circunstancias tendían a apartarlo de su verdadero camino: las muchas seducciones de la gran ciudad, aún medio pagana, el libertinaje de otros estudiantes, los teatros, la embriaguez de su éxito literario y el orgulloso deseo de ser el primero en todo, incluso en el mal. Al poco tiempo se vio obligado a confesarle a Mónica que se había metido en una relación pecaminosa con la persona que dio a luz a su hijo (372), "el hijo de su pecado", un enredo del que tan sólo se redimió a sí mismo en Milán, al cabo de quince años de esclavitud.

Al evaluar esta crisis deben evitarse dos extremos. Algunos la han exagerado, como Mommsen, tal vez engañados por el tono de pesar en las *Confesiones*; en la *Realencyklopädie*, Loofs reprueba a Mommsen por este motivo y, sin embargo, él mismo es demasiado indulgente con Agustín, al alegar que en aquellos días la Iglesia permitía el concubinato. Solamente las *Confesiones* ya demuestran que Loofs no entendió el Canon 17º de Toledo. No obstante puede decirse que Agustín, incluso en su caída, conservó cierta dignidad y sintió compungimiento, lo que le honra; y desde los diecinueve años tuvo un sincero deseo de romper con sus costumbres. De hecho, en 373, después de leer el "Hortensio" de Cicerón, de donde absorbió ese amor a la sabiduría que éste elogia tan elocuentemente, se manifestó en su vida una inclinación totalmente nueva para él. A partir de entonces, Agustín consideró la retórica únicamente como una profesión; la filosofía le había ganado el corazón.

Desgraciadamente, tanto su fe como su moralidad iban a atravesar una crisis terrible. En este mismo año, 373, Agustín y su amigo Honorato cayeron en las redes de los maniqueos. Parece mentira que una mente tan extraordinaria hubiera podido caer víctima de las vaciedades orientales sintetizadas en un dualismo tosco y material que el persa Mani (215-276) había introducido en África hacía apenas cincuenta años. El mismo Agustín nos dice que se sintió seducido por las promesas de una filosofía libre sin ataduras a la fe; por los alardes de los maniqueos, que afirmaban haber descubierto contradicciones en la Sagrada Escritura; y, sobre todo, por la esperanza de encontrar en su doctrina una explicación científica de la naturaleza y sus más misteriosos fenómenos. A la mente inquisitiva de Agustín le entusiasmaban las ciencias naturales, y los maniqueos declaraban que la naturaleza no guardaba secretos para su doctor, Fausto. Además, Agustín se sentía atormentado por el problema del origen del mal y, al no resolverlo, reconoció dos principios opuestos. Por añadidura, existía el poderoso encanto de la irresponsabilidad moral en una doctrina que negaba el libre albedrío y atribuía la comisión del delito a un principio ajeno.

Una vez conquistado por esta secta, Agustín se dedicó a ella con toda la fuerza de su ser; leyó todos sus libros, aceptó y defendió todas sus opiniones. Su frenético proselitismo llevó al error a su amigo Alipio, y a Romaniano, el amigo de su padre que fue su mecenas en Tagaste y estaba sufragando los gastos de estudios de Agustín. Fue durante este periodo maniqueo cuando las facultades literarias de Agustín llegaron a su completo desarrollo, y todavía era estudiante en

Cartago cuando abrazó el error. Dejó los estudios que, de haber continuado, lo habrían ingresado en el *forum litigiosum*, pero prefirió la carrera de letras, y Posidio nos cuenta que regresó a Tagaste a "enseñar gramática". El joven profesor cautivó a sus alumnos y uno de ellos, Alipio, apenas algo más joven que su maestro, sintiéndose reacio a abandonarlo lo siguió hasta el error; después recibió con él el bautismo en Milán, y más adelante llegó a ser obispo de Tagaste, su ciudad natal. Pero Mónica deploraba profundamente la herejía de Agustín y no lo habría aceptado ni en su casa ni en su mesa si no hubiera sido por el consejo de un santo obispo, quien declaró que "el hijo de tantas lágrimas no puede perecer".

Poco después Agustín fue a Cartago, donde continuó enseñando retórica. En este escenario más amplio, su talento resplandeció aún más y alcanzó plena madurez en la búsqueda infatigable de las artes liberales. Se llevó el premio en un concurso poético en el que tomó parte, y el procónsul Vindiciano le confirió públicamente la corona agonística. Fue en este momento de embriaguez literaria, cuando acababa de completar su primera obra sobre *æscetics*, ahora perdida, que empezó a repudiar el maniqueísmo. Las enseñanzas de Mani habían distado mucho de calmar su intranquilidad, incluso cuando Agustín disfrutaba del fervor inicial, y aunque se le haya acusado de haber sido sacerdote de la secta, nunca lo iniciaron ni nombraron entre los "electos", sino que permaneció como "oyente", el grado más bajo de la jerarquía. Él mismo nos explica el porqué de su desencanto. En primer lugar estaba la espantosa depravación de la filosofía maniquea —"destruyen todo y no construyen nada"—; después, esa terrible inmoralidad que contrasta con su afectación de la virtud; la flojedad de sus argumentos en controversia con los católicos, a cuyos argumentos sobre las Escrituras la única respuesta que daban era: "Las Escrituras han sido falsificadas". Pero lo peor de todo es que entre ellos no encontró la ciencia —ciencia en el sentido moderno de la palabra—, ese conocimiento de la naturaleza y sus leyes que le habían prometido. Cuando les hizo preguntas sobre los movimientos de las estrellas, ninguno de ellos supo contestarle. "Espera a Fausto", decían, "él te lo explicará todo". Por fin, Fausto de Mileve, el celebrado obispo maniqueo, llegó a Cartago; Agustín fue a visitarlo y le interrogó; en sus respuestas descubrió al retórico vulgar, un completo ignorante de toda sabiduría científica. Se había roto el hechizo y, aunque Agustín no abandonó la secta inmediatamente, su mente ya rechazó las doctrinas maniqueas. La ilusión había durado nueve años.

Pero la crisis religiosa de esta gran alma sólo se resolvería en Italia, bajo la influencia de Ambrosio. En el año 383, a la edad de veintinueve años, Agustín cedió a la irresistible atracción que Italia ejercía sobre él, pero —como su madre sospechara su partida y estaba determinada a no separarse de él— recurrió al subterfugio de embarcarse escabulléndose por la noche. Recién llegado a Roma cayó gravemente enfermo; al recuperarse abrió una escuela de retórica, pero repugnado por las argucias de los alumnos que le engañaban descaradamente con los honorarios de las clases, presentó una solicitud a una cátedra vacante en Milán, la obtuvo y Símaco, el prefecto, lo aceptó. Cuando visitó al obispo Ambrosio se sintió tan cautivado por la amabilidad del santo que comenzó a asistir con regularidad a sus discursos.

Sin embargo, antes de abrazar la Fe, Agustín sufrió una lucha de tres años en los que su mente atravesó varias fases distintas. Primero se inclinó hacia la filosofía de los académicos con su escepticismo pesimista; después la filosofía neoplatónica le inspiró un genuino entusiasmo. Estando en Milán, apenas había leído algunas obras de Platón y, más especialmente, de Plotinio cuando despertó a la esperanza de encontrar la verdad. Una vez más comenzó a soñar que él y sus amigos podrían dedicar la vida a su búsqueda, una vida limpia de todas las vulgares aspiraciones a honores, riquezas o placer, y acatando el celibato como regla (*Confesiones*). Pero era solamente un sueño; todavía era esclavo de sus pasiones. Mónica, que se había reunido con su hijo en Milán, insistió para que se desposara, pero la prometida en matrimonio era demasiado joven y, si bien Agustín se desligó de la madre de Adeodato (su hijo), enseguida otra ocupó el puesto. Así fue como atravesó un último periodo de lucha y angustia.

Finalmente, la lectura de las Sagradas Escrituras le iluminaron la mente y pronto le invadió la certeza de que Jesucristo es el único camino de la verdad y de la salvación. Después de esto, sólo se resistía el corazón. Una entrevista con Simpliciano, futuro sucesor de San Ambrosio, que contó a Agustín la historia de la conversión del celebrado retórico neoplatónico Victorino (*Confesiones*), abrió el camino para el golpe de gracia definitivo que a la edad de treinta y tres años lo derribó al suelo en el jardín, en Milán (septiembre, 386). Unos cuantos días después, estando Agustín enfermo, se aprovechó de las vacaciones de otoño y, renunciando a su cátedra, se marchó con Mónica, Adeodato y sus amigos a

Casiciaco, la propiedad campestre de Verecundo, para allí dedicarse a la búsqueda de la verdadera filosofía que para él ya era inseparable del Cristianismo.

II. *Desde su conversión hasta su episcopado (386-395)*

Gradualmente, Agustín se fue familiarizando con la doctrina cristiana, y la fusión de la filosofía platónica con los dogmas revelados se iba formando en su mente. La ley que le condujo a este cambio de pensar ha sido frecuentemente mal interpretada en estos últimos años, y es lo bastante importante como para definirla con precisión. La soledad en Casiciaco hizo realidad un anhelo soñado desde hacía mucho tiempo. En su obra *Contra los académicos*, Agustín ha descrito la serenidad ideal de esta existencia, que sólo la estimula la pasión por la verdad. Completó la enseñanza de sus jóvenes amigos, ya con lecturas literarias en común, ya con conferencias fisosóficas a las que a veces invitaba a Mónica y que, recopiladas por un secretario, han proporcionado la base de los *Diálogos*. Más adelante Licentius recordaría en sus *Cartas* esas deliciosas mañanas y atardeceres filosóficos en los que Agustín solía evolucionar los incidentes más corrientes en las más elevadas discusiones. Los tópicos favoritos de las conferencias eran la verdad, la certeza (*Contra los académicos*), la verdadera felicidad en la filosofía (*De la vida feliz*), el orden de la Providencia en el mundo y el problema del mal (*De Ordine*) y, por último, Dios y el alma (*Soliloquios, Acerca de la inmortalidad del alma*).

De aquí surge la curiosa pregunta planteada por los críticos modernos: ¿Era ya cristiano Agustín cuando escribió los *Diálogos* en Casiciaco? Hasta ahora, nadie lo había puesto en duda; los historiadores, basándose en las *Confesiones*, habían creído todos que el doble objetivo de Agustín para retirarse a la quinta fue mejorar la salud y prepararse para el bautismo. Pero hoy en día ciertos críticos aseguran haber descubierto una oposición radical entre los *Diálogos* filosóficos que escribió en este retiro, y el estado del alma que describe en las *Confesiones*. Según Harnack, cuando Agustín escribió esta última obra, tuvo que haber proyectado los sentimientos del obispo del año 400 en el ermitaño del año 386.

Otros van más lejos y sostienen que el ermitaño de la quinta milanesa no podía haber sido cristiano de corazón, sino platónico; que la conversión en la escena del jardín no fue al cristianismo, sino a la filosofía; y que la fase genuinamente cristiana no comenzó hasta 390. Pero esta interpretación de los *Diálogos* no encaja con los hechos ni con los textos. Se ha admitido que Agustín recibió el bautismo en Pascua, en 387; ¿a quién puede ocurrírsele que esta ceremonia careciera de sentido para él? Y, ¿cómo puede aceptarse que la escena en el jardín, el ejemplo de sus retiros, la lectura de San Pablo, la conversión de Victorino, el éxtasis de Agustín al leer los Salmos con Mónica, todo esto fueran invenciones hechas después? Además, Agustín escribió la hermosa apología *Sobre la santidad de la Iglesia católica* en 388, ¿cómo puede concebirse que todavía no fuera cristiano en esa fecha? No obstante, para resolver el argumento lo único que hace falta es leer los propios *Diálogos* que son, con certeza, una obra puramente filosófica y, tal como Agustín reconoce ingenuamente, una obra de juventud, además, no sin cierta pretensión; sin embargo, contienen la historia completa de su formación cristiana. Ya por el año 386, en la primera obra que escribió en Casiciaco nos revela el gran motivo subyacente de sus investigaciones.

El objeto de su filosofía es respaldar la autoridad con la razón y, "para él, la gran autoridad, ésa que domina todas las demás y de la cual jamás deseaba desviarse, es la autoridad de Cristo"; y si ama a los platónicos es porque cuenta con hallar entre ellos interpretaciones que siempre estén en armonía con su fe (*Contra los académicos*). Esta seguridad y confianza era excesiva, pero permanece evidente que el que habla en estos *Diálogos* es cristiano, no platónico. Nos revela los más íntimos detalles de su conversión, el argumento que lo convenció a él (la vida y conquistas de los apóstoles), su progreso dentro de la Fe en la escuela de San Pablo (*ibid.*), las deliciosas conferencias con sus amigos sobre la Divinidad de Jesucristo, las maravillosas transformaciones que la fe ejerció en su alma, incluso conquistando el orgullo intelectual que los estudios platónicos habían despertado en él (*De la vida feliz*), y por fin, la calma gradual de sus pasiones y la gran resolución de elegir la sabiduría como única compañera (*Soliloquios*).

Ahora es fácil apreciar en su justo valor la influencia que el neoplatonismo ejerció en la mente del gran doctor africano. Sería imposible para cualquiera que haya leído las obras de San Agustín negar que esta influencia existe, pero también sería exagerar enormemente esta influencia pretender que en algún momento sacrificó el Evangelio por Platón. El mismo crítico docto sabiamente deduce de su estudio la siguiente conclusión: "Por lo tanto, San Agustín es francamente neoplatónico siempre y cuando esta filosofía esté de acuerdo con sus doctrinas religiosas; en el momento que surge una contradicción, no duda nunca en subordinar su filosofía a la religión, y la razón a la fe. Era ante todo cristiano; las cuestiones filosóficas que constantemente tenía en la cabeza iban siendo relegadas con más y más frecuencia a un segundo plano" (*op. cit.*, 155). Pero el método era peligroso; al buscar así armonía entre las dos doctrinas creyó, demasiado fácilmente, encontrar la cristiandad en Platón o el platonismo en el Evangelio. Más de una vez, en *Retractationes* y en otros lugares, reconoce que no siempre ha evitado este peligro. Así, imaginó haber descubierto en el platonismo la doctrina completa del Verbo y el prólogo entero de San Juan. Asimismo, desmintió un gran número de teorías neoplatónicas que al principio lo habían conducido al error —la tesis cosmológica de un alma universal, que hace del mundo un animal inmenso—, las dudas platónicas sobre esa grave pregunta: ¿Hay un alma única para todo el universo o cada uno tiene un alma distinta? Pero, por otra parte, siempre había reprochado a los platónicos el que rechazaran o desconocieran los puntos fundamentales del cristianismo: "primero, el gran misterio, el Verbo hecho carne; y después, el amor, descansando sobre una base de humildad". También ignoran la gracia, dice, dando sublimes preceptos de moralidad sin ninguna ayuda para alcanzarlos.

Lo que Agustín perseguía con el bautismo cristiano era la gracia Divina. En el año 387, hacia principios de cuaresma, fue a Milán y, con Adeodato y Alipio, ocupó su lugar entre los competentes y Ambrosio lo bautizó el día de Pascua Florida o, al menos, durante el tiempo Pascual. Cuenta la tradición que en esta ocasión el obispo y el neófito, alternándose, cantaron el Te Deum, pero esto es infundado. Sin embargo, esta leyenda ciertamente expresa la alegría de la Iglesia al recibir como hijo a aquel que sería su más ilustre doctor. Fue entonces cuando Agustín, Alipio y Evodio decidieron retirarse en aislamiento a África. Agustín, no hay duda, permaneció en Milán hasta casi el otoño continuando sus obras: "Acerca de la inmortalidad del alma" y "Acerca de la música". En el otoño de 387 estaba a punto de embarcarse en Ostia cuando Mónica fue llamada de esta vida. No hay páginas en toda la literatura que alberguen un sentimiento más exquisito que la historia de su santa muerte y del dolor de Agustín (*Confesiones*). Agustín permaneció en Roma varios meses, principalmente ocupándose de refutar el maniqueísmo. Después de la muerte del tirano Máximo (agosto, 388) navegó a África, y al cabo de una corta estancia en Cartago regresó a Tagaste, su tierra natal. Al llegar allí, inmediatamente deseó poner en práctica su idea de una vida perfecta comenzando por vender todos sus bienes y regalar a los pobres el producto de estas ventas. A continuación, él y sus amigos se retiraron a sus tierras, que ya no les pertenecían, para llevar una vida en común de pobreza, oración y estudio de las cartas sagradas. El libro de las "LXXXIII cuestiones" es el fruto de las conferencias celebradas en este retiro, en el que también escribió *De Genesi contra Manichaeos*, *De Magistro* y *De Vera Religione*.

Agustín no pensó en entrar en el sacerdocio y, por temor al episcopado, incluso huyó de las ciudades donde obligatoriamente tenía que elegir. Un día en Hipona, donde lo había llamado un amigo cuya salvación del alma estaba en peligro, estaba rezando en una iglesia cuando de repente la gente se agrupó a su alrededor aclamándole y rogando al obispo, Valerio, que lo elevara al sacerdocio. A pesar de sus lágrimas, Agustín se vio obligado a ceder a las súplicas y fue ordenado en 391. El nuevo sacerdote consideró esta reciente ordenación un motivo más para volver a su vida religiosa en Tagaste, lo que Valerio aprobó tan categóricamente que puso cierta propiedad de la iglesia a disposición de Agustín, permitiendo así que estableciera un monasterio en el mismo momento que lo había fundado. Sus cinco años de ministerio sacerdotal fueron enormemente fructíferos; Valerio le había rogado que predicara, a pesar de que en África existía la deplorable costumbre de reservar ese ministerio para los obispos. Agustín combatió la herejía, especialmente el maniqueísmo, y tuvo un éxito prodigioso. A Fortunato, uno de sus grandes doctores al que Agustín había retado en conferencia pública, le humilló tantísimo verse derrotado que huyó de Hipona. Agustín también abolió el abuso de celebrar banquetes en las capillas de los mártires. El 8 de octubre del año 393 tomó parte en el Concilio plenario de África, presidido por Aurelio, obispo de Cartago, y a petición de los obispos se vio obligado a dar un discurso que, en su forma completa, más tarde llegó a ser el tratado de *De Fide et symbolo*.

III. Como obispo de Hipona (396-430)

Valerio, obispo de Hipona, debilitado por la vejez, obtuvo la autorización de Aurelio, primado de África, para asociar a Agustín con él, como coadjutor. Agustín se hubo de resignar a que Megalio, primado de Numidia, lo consagrara. Tenía entonces cuarenta y dos años y ocuparía la sede de Hipona durante treinta y cuatro. El nuevo obispo supo combinar bien el ejercicio de sus deberes pastorales con las austeridades de la vida religiosa y, aunque abandonó su convento, transformó su residencia episcopal en monasterio, donde vivió una vida en comunidad con sus clérigos, que se comprometieron a observar la pobreza religiosa. Lo que así fundó, ¿fue una orden de clérigos corrientes o de monjes? Esta pregunta ha surgido con frecuencia, pero creemos que Agustín no se paró mucho a considerar estas distinciones. Fuera como fuere, la casa episcopal de Hipona se transformó en una verdadera cuna de inspiración que integró a los fundadores de los monasterios que pronto se extendieron por toda África, y a los obispos que ocuparon las sedes vecinas. Possidio (*Vita S. August*, XXII) enumera diez de los amigos del santo y discípulos que ocuparon el trono episcopal. Fue por esto que Agustín ganó el título de patriarca de los religiosos y renovador de la vida del clero en África.

Pero, ante todo, fue defensor de la verdad y pastor de las almas. Sus actividades doctrinales, cuya influencia estaba destinada a durar tanto como la Iglesia misma, fueron múltiples: predicaba con frecuencia, a veces cinco días consecutivos, y de sus sermones manaba tal espíritu de caridad que conquistó todos los corazones; escribió cartas que divulgaron sus soluciones a los problemas de la época por todo el mundo entonces conocido; dejó su espíritu grabado en diversos concilios africanos a los que asistió, por ejemplo, los de Cartago en 398, 401, 407, 419 y Mileve en 416 y 418; y por último, luchó infatigablemente contra todos los *errores*.

LIBRO PRIMERO

❄

Grande eres, Señor, y muy digno de alabanza; grande tu poder, y tu sabiduría no tiene medida. Y pretende alabarte el hombre, pequeña parte de tu creación; precisamente el hombre, que, revestido de su mortalidad, lleva consigo el testimonio de su pecado y el testimonio de que resistes a los soberbios. Con todo, quiere alabarte el hombre, pequeña parte de tu creación. Tú mismo le estimulas a ello, haciendo que se deleite en alabarte, porque nos has hecho para ti y nuestro corazón está inquieto hasta que repose en ti.

Dame, Señor, a conocer y entender qué es primero, si invocarte o alabarte, o si es antes conocerte que invocarte. Mas ¿quién habrá que te invoque si antes no te conoce? Porque, no conociéndote, fácilmente podrá invocar una cosa por otra. ¿Acaso, más bien, no habrás de ser invocado para ser conocido? Pero ¿y como invocarán a aquel en quien no han creído? ¿Y cómo creerán si no se les predica? Ciertamente, alabarán al Señor los que le buscan, porque los que le buscan le hallan y los que le hallan le alabarán. Que yo, Señor, te busque invocándote y te invoque creyendo en ti, pues me has sido ya predicado. Te invoca, Señor, mi fe, la fe que tú me diste, que tú me inspiraste por la humanidad de tu Hijo y el ministerio de tu predicador.

Pero, ¿cómo invocaré yo a mi Dios, a mi Dios y mi Señor?, puesto que, en efecto, cuando lo invoco, lo llamo [que venga] dentro de mí mismo. ¿Y qué lugar hay en mí adonde venga mi Dios a mí?, ¿a donde podría venir Dios en mí, el Dios que ha hecho el cielo y la tierra? ¿Es verdad, Señor, que hay algo en mí que pueda abarcarte? ¿Acaso te abarca el cielo y la tierra, que tú has creado, y dentro de los cuales me creaste también a mí? ¿O es tal vez que, porque nada de cuanto es puede ser sin ti, te abarca todo lo que es? Pues si yo existo efectivamente, ¿por qué pido que vengas a mí, cuando yo no existiría si tú no estuvieses en mí? No he estado aún en el infierno, mas también allí estás tú. Pues si descendiere a los infiernos, allí estás tú.

Nada sería yo, Dios mío, nada sería yo en absoluto si tú no estuvieses en mí; pero, ¿no sería mejor decir que yo no existiría en modo alguno si no estuviese en ti, de quien, por quien y en quien son todas las cosas? Así es, Señor, así es. Pues, ¿adónde te invoco estando yo en ti, o de dónde has de venir a mí, o a que parte del cielo y de la tierra me habré de alejar para que desde allí venga mi Dios a mí, él, que ha dicho: Yo lleno el cielo y la tierra?

¿Te abarcan, acaso, el cielo y la tierra por el hecho de que los llenas? ¿O es, más bien, que los llenas y aún sobra por no poderte abrazar? ¿Y dónde habrás de echar eso que sobra de ti, una vez lleno el cielo y la tierra? ¿Pero es que tienes tú, acaso, necesidad de ser contenido en algún lugar, tú que contienes todas las cosas, puesto que las que llenas las llenas conteniéndolas? Porque no son los vasos llenos de ti los que te hacen estable, ya que, aunque se quiebren, tú no te has de derramar; y si se dice que te derramas sobre nosotros, no es cayendo tú, sino levantándonos a nosotros; ni es esparciéndote tú, sino recogiéndonos a nosotros. Pero las cosas todas que llenas, ¿las llenas todas con todo tu ser o, tal vez, por no poderte contener totalmente todas, contienen una parte de ti? ¿Y esta parte tuya la contienen todas y al mismo tiempo o, más bien, cada una la suya, mayor las mayores y menor las menores? Pero ¿es que hay en ti alguna parte mayor y alguna menor? ¿Acaso no estás todo en todas partes, sin que haya cosa alguna que te contenga totalmente?

Pues ¿qué es entonces mi Dios? ¿Qué, repito, sino el Señor Dios? ¿Y qué Señor hay fuera del Señor o qué Dios fuera de nuestro Dios? Sumo, óptimo, poderosísimo, omnipotensísimo, misericordiosísimo y justísimo; secretísimo y presentísimo, hermosísimo y fortísimo, estable e incomprensible, inmutable, mudando todas las cosas; nunca nuevo y nunca viejo; renuevas todas las cosas y conduces a la vejez a los soberbios, y no lo saben; siempre obrando y siempre en reposo; siempre recogiendo y nunca necesitado; siempre sosteniendo, llenando y protegiendo; siempre creando, nutriendo y perfeccionando; siempre buscando y nunca falto de nada. Amas y no sientes pasión; tienes celos y estás seguro; te arrepientes y no sientes dolor; te aíras y estás tranquilo; cambias de acciones, pero no de plan; recibes lo que encuentras y nunca has perdido nada; nunca estás pobre y te gozas con las ganancias; no eres avaro y exiges intereses. Te ofrecemos de más para hacerte nuestro deudor; pero ¿quién es el que tiene algo que no sea tuyo? Pagas deudas sin deber nada a nadie y perdonando deudas, sin perder nada con ello? ¿Y qué es cuanto hemos dicho, Dios mío, vida mía, dulzura mía santa, o qué es lo que puede decir alguien cuando habla de ti? Al contrario, ¡ay de los que se callan acerca de ti!, porque no son más que mudos charlatanes.

¿Quién me concederá descansar en ti? ¿Quién me concederá que vengas a mi corazón y le embriagues, para que olvide mis maldades y me abrace contigo, único bien mío? ¿Qué es lo que eres para mí? Apiádate de mí para que te lo pueda decir. ¿Y qué soy yo para ti, para que me mandes que te ame y si no lo hago te aíres contra mí y me amenaces con ingentes miserias? ¿Acaso es ya pequeña la misma miseria de no amarte? ¡Ay de mí! Dime, por tus misericordias, Señor y Dios mío, qué eres para mí. Di a mi alma: «Yo soy tu salvación». Que yo corra tras esta voz y te dé alcance. No quieras esconderme tu rostro. Muera yo para que no muera y para que lo vea.

Angosta es la casa de mi alma para que vengas a ella: sea ensanchada por ti. Ruinosa está: repárala. Hay en ella cosas que ofenden tus ojos: lo confieso y lo sé; pero ¿quién la limpiará o a quién otro clamaré fuera de ti? De los pecados ocultos líbrame, Señor, y de los ajenos perdona a tu siervo. Creo, por eso hablo. Tú lo sabes, Señor. ¿Acaso no he confesado ante ti mis delitos contra mí, ¡oh Dios mío!, y tú has remitido la impiedad de mi corazón? No quiero contender en juicio contigo, que eres la Verdad, y no quiero engañarme a mí mismo, para que no se engañe a sí misma mi iniquidad. No quiero contender en juicio contigo, porque si miras a las iniquidades, Señor, ¿quién, Señor, subsistirá?

Con todo, permíteme que hable en presencia de tu misericordia, a mí, tierra y ceniza; permíteme que hable, porque es a tu misericordia, no al hombre, que se ríe de mí, a quien hablo. Tal vez también tú te reirás de mí; mas vuelto hacia mí, tendrás compasión de mí.

Y ¿qué es lo que quiero decirte, Señor, sino que no sé de dónde he venido aquí, me refiero a esta vida mortal o muerte vital? No lo sé. Mas me recibieron los consuelos de tus misericordias según he oído a mis padres carnales, del cual y en la cual me formaste en el tiempo, pues yo de mí nada recuerdo. Me recibieron, digo, los consuelos de la leche humana, de la que ni mi madre ni mis nodrizas se llenaban los pechos, sino que eras tú quien, por medio de ellas, me dabas el alimento aquel de la infancia, según tu ordenación y los tesoros dispuestos por ti hasta en el fondo mismo de las cosas.

Tuyo era también el que yo no quisiera más de lo que me dabas y que mis nodrizas quisieran darme lo que tú les dabas, pues era ordenado el afecto con que querían darme aquello de que abundaban en ti, ya que era un bien para ellas el recibir yo aquel bien mío de ellas, aunque, realmente, no era de ellas sino tuyo por medio de ellas, porque de ti proceden, ciertamente, todos los bienes, ¡oh Dios!, y de ti, Dios mío, proviene toda mi salud.

Todo esto lo conocí más tarde, cuando me diste voces por medio de los mismos bienes que me concedías interior y exteriormente. Porque entonces lo único que sabía era mamar, aquietarme con los halagos, llorar las molestias de mi carne y nada más.

Después empecé también a reír, primero durmiendo, luego despierto. Esto han dicho de mí, y lo creo, porque así lo vemos también en otros niños; pues yo, de estas cosas mías, no tengo el menor recuerdo.

Poco a poco comencé a darme cuenta dónde estaba y a querer dar a conocer mis deseos a quienes me los podían satisfacer, aunque realmente no podía, porque aquéllos estaban dentro y éstos fuera, y por ningún sentido podían entrar en mi alma. Así que agitaba los miembros y daba voces, signos semejantes a mis deseos, los pocos que podía y cómo podía, aunque verdaderamente no se les asemejaban. Mas si no era complacido, bien porque no me habían entendido, bien porque me era dañino, me indignaba: con los mayores, porque no se me sometían, y con los libres, por no querer ser mis esclavos, y de unos y otros me vengaba con llorar. Tales he conocido que son los niños que yo he podido observar; y que yo fuera tal, más me lo han dado ellos a entender sin saberlo que no los que criaron sabiéndolo.

Mas he aquí que mi infancia hace tiempo que murió, no obstante que yo vivo. Mas dime, Señor, tú que siempre vives y nada muere en ti —porque antes del comienzo de los siglos y antes de todo lo que tiene «antes», existes tú, y eres Dios y Señor de todas las cosas, y se hallan en ti las causas de todo lo que es inestable, y permanecen los principios inmutables de todo lo que cambia, y viven las razones sempiternas de todo lo temporal—, dime a mí, que te lo suplico, ¡oh Dios mío!, di, misericordioso, a este mísero tuyo; dime, ¿acaso mi infancia vino después de otra edad mía ya muerta? ¿Será ésta aquella que llevé en el vientre de mi madre? Porque también de ésta se me han hecho algunas indicaciones y yo mismo he visto mujeres embarazadas.

Y antes de esto, dulzura mía y Dios mío, ¿qué? ¿Fui yo algo en alguna parte? Dímelo, porque no tengo quien me lo diga, ni mi padre, ni mi madre, ni la experiencia de otros, ni mi memoria. ¿Acaso te ríes de mí porque deseo saber estas cosas y me mandas que te alabe y te confiese por aquello que he conocido de ti?

Te confieso, Señor de cielos y tierra, alabándote por mis comienzos y mi infancia, de los que no tengo memoria, mas que concediste al hombre conjeturar de sí por otros y que creyese muchas cosas, aun por la simple autoridad de mujercillas. Porque al menos era entonces, vivía, y ya al fin de la infancia buscaba con qué dar a los demás a conocer las cosas que yo sentía.

¿De dónde podía venir, en efecto, tal ser viviente, sino de ti, Señor? ¿Acaso hay algún artífice de sí mismo? ¿Por ventura hay algún otro conducto por donde corra a nosotros el ser y el vivir, fuera del que tú causas en nosotros, Señor, en quien el ser y el vivir no son cosa distinta, porque eres el sumo Ser y el sumo Vivir? Sumo eres, en efecto, y no te mudas, ni camina por ti el día de hoy, no obstante que por ti camine, puesto que en ti están, ciertamente, todas estas cosas, y no tendrían camino por donde pasar si tú no las contuvieras. Y porque tus años no mueren, tus años son un constante «hoy». ¡Oh, cuántos días nuestros y de nuestros padres han pasado ya por este tu Hoy y han recibido de él su medida y de alguna manera han existido, y cuántos pasarán aún y recibirán su medida y existirán de alguna manera! Mas tú eres uno mismo y todas las cosas del mañana y más allá, y todas las cosas de ayer y más atrás, en ese Hoy las haces y en ese Hoy las has hecho.

¿Qué importa que alguien no entienda estas cosas? Que éste de todos modos se goce diciendo: ¿Qué es esto? Que éste se goce aun así y desee más hallarte no indagando que indagando no hallarte.

Escúchame, ¡oh Dios! ¡Ay de los pecados de los hombres! Y esto lo dice un hombre, y tú te compadeces de él por haberlo hecho, aunque no el pecado que hay en él.

¿Quién me recordará el pecado de mi infancia, ya que nadie está delante de ti limpio de pecado, ni aun el niño cuya vida es de un solo día sobre la tierra? ¿Quién me lo recordará? ¿Acaso cualquier pequeñito o párvulo de hoy, en quien veo lo que no recuerdo de mí? ¿Y qué era en lo que yo entonces pecaba? ¿Acaso en desear con ansia el pecho llorando? Porque si ahora hiciera yo esto, no con el pecho, sino con la comida propia de mis años, deseándola con tal ansia, justamente se reirían de mí y sería reprendido. Luego, eran dignas de represión las cosas que yo hacía entonces; mas como no podía entender a quien me reprendiera, ni la costumbre ni la razón aguantaban que se me reprendiese. La prueba de ello es que, según vamos creciendo, extirpamos y arrojamos estas cosas de nosotros, y jamás he visto a un hombre cuerdo que al tratar de limpiar una cosa arroje lo bueno de ella.

¿Acaso, aun para aquel tiempo, era bueno pedir llorando lo que no se podía conceder sin daño, indignarse amargamente las personas libres que no se sometían y aun con las mayores y hasta con mis propios progenitores y con muchísimos otros, que, más prudentes, no accedían a las señales de mis caprichos, esforzándome yo, por hacerles daño con mis golpes, en cuanto podía por no obedecer a mis órdenes, a las que hubiera sido pernicioso obedecer? ¿De aquí se sigue que lo que es inocente en los niños es la debilidad de los miembros infantiles, no el alma de los mismos?

Yo vi yo y experimenté cierta vez a un niño envidioso. Todavía no hablaba y ya miraba pálido y con cara amargada a otro niño compañero de leche suyo. ¿Quién hay que ignore esto? Dicen que las madres y nodrizas pueden conjurar estas cosas con no sé qué remedios. Yo no sé que se pueda tener por inocencia no aguantar al compañero en la fuente de leche que mana copiosa y abundante, al [compañero] que está necesitadísimo del mismo socorro y que con sólo aquel alimento sostiene la vida. Sin embargo se toleran indulgentemente estas faltas, no porque sean nulas o pequeñas, sino porque se espera que con el tiempo han de desaparecer. Por lo cual, aunque lo apruebes, si tales cosas las hallamos en alguno entrado en años, apenas si las podemos llevar con paciencia.

Siendo todavía niño oí ya hablar de la vida eterna, que nos está prometida por la humildad de nuestro Señor Dios, que descendió hasta nuestra soberbia; y fui marcado con el signo de la cruz, y se me dio a gustar su sal desde el mismo vientre de mi madre, que esperó siempre mucho en ti.

Tú viste, Señor, cómo cierto día, siendo aún niño, fui presa repentinamente de un dolor de estómago que me abrasaba y me puso en trance de muerte. Tú viste también, Dios mío, pues eras ya mi guarda, con qué fervor de espíritu y con qué fe solicité de la piedad de mi madre y de la madre de todos nosotros, tu Iglesia el bautismo de tu Cristo, mi Dios y Señor. Se turbó mi madre carnal, porque me daba a luz con más amor en su casto corazón en tu fe para la vida eterna; y ya había cuidado, presurosa, de que se me iniciase y purificase con los sacramentos de la salud, confesándote, ¡oh mi Señor Jesús!, para la remisión de mis pecados, cuando he aquí que de repente comencé a mejorar. En vista de ello, se difirió mi purificación, juzgando que sería imposible que, si vivía, no me volviese a manchar y que el reato de los delitos cometidos después del bautismo es mucho mayor y más peligroso.

Por este tiempo creía yo, creía ella y creía toda la casa, excepto sólo mi padre, quien, sin embargo, no pudo vencer en mí el ascendiente de la piedad materna para que dejara de creer en Cristo, como él no creía. Porque mi madre cuidaba solícita de que tú, Dios mío, fueses padre para mí, más que aquél. En eso tú la ayudabas a triunfar sobre él, a quien servía, no obstante ser ella mejor, porque en ello te servía a ti, que así lo tienes mandado.

Mas quisiera saber, Dios mío, te suplico, si tú gustas también de ello, por qué razón se difirió entonces el que fuera yo bautizado; si fuera para mi bien el que aflojaran, por decirlo así, las riendas del pecar o si no me las aflojaron. ¿De dónde nace ahora el que de unos y de otros llegue a nuestros oídos de todas partes: «Déjenle que haga lo que quiera; que todavía no está bautizado»; sin embargo, que no digamos de la salud del cuerpo: «Dejadle; que reciba aún más heridas, que todavía no está sano»?

¡Cuánto mejor me hubiera sido recibir pronto la salud y que mis cuidados y los de los míos se hubieran empleado en poner sobre seguro bajo tu tutela la salud recibida de mi alma, que tú me hubieses dado!

¿Cuál era la causa de que yo odiara las letras griegas, en las que siendo niño era imbuido? No lo sé; y ni aun ahora mismo lo tengo bien claro. En cambio, las latinas me gustaban con pasión, no las que enseñan los maestros de primaria, sino las que explican los llamados gramáticos; porque aquellas primeras, en las que se aprende a leer, a escribir y a contar, no me fueron menos pesadas y enojosas que las letras griegas. ¿Mas de dónde podía venir aun esto sino del pecado y de la vanidad de la vida, por ser carne y viento que camina y no vuelve?

Porque sin duda que aquellas letras primeras, por cuyo medio podía llegar, como de hecho ahora puedo, a leer cuanto hay escrito y a escribir lo que quiero, eran mejores, por ser más útiles, que aquellas otras en que se me obligaba a retener los errores de no sé qué Eneas, olvidado de mis errores, y a que llorara a Dido muerta, que se suicidó por amores, en circunstancias que mientras tanto, yo mismo muriendo a ti en aquellos [amores], con ojos débiles, toleraba mi extrema miseria.

Escucha, Señor, mi oración, a fin de que no desfallezca mi alma bajo tu disciplina ni me canse en confesar tus misericordias, con las cuales me sacaste de mis pésimos caminos, para serme más dulce que todas las dulzuras que seguí, y así te ame fortísimamente, y estreche tu mano con todo mi corazón, y me libres de toda tentación hasta el fin. He aquí, Señor, que tú eres mi rey y mi Dios; ponga a tu servicio todo lo útil que aprendí de niño y para tu servicio sea cuanto hablo, escribo, leo y cuento, pues cuando aprendí aquellas vanidades, tú eras el que me dabas la verdadera ciencia, y me has perdonado ya los pecados de deleite cometidos en tales vanidades. Muchas palabras útiles aprendí en ellas, es verdad; pero también se pueden aprender en las cosas que no son vanas, y éste es el camino seguro por el que debían caminar lo niños.

Pero ¿qué milagro que yo me dejara arrastrar de las vanidades y me alejara de ti, Dios mío, cuando me proponían como modelos que imitar a unos hombres que si, al contar alguna de sus acciones no malas, si lo exponían con algún barbarismo o solecismo, eran reprendidos y se llenaban de confusión; en cambio, cuando narraban sus deshonestidades con palabras castizas y apropiadas, de modo elocuente y elegante, eran alabados y se hinchaban de gloria?

Tú ves, Señor, estas cosas y callas longánime, lleno de misericordia, y veraz. Pero ¿callarás para siempre? Pues saca ahora de este espantoso abismo al alma que te busca, y tiene sed de tus deleites, y te dice de corazón: Busqué, Señor, tu rostro; tu rostro, Señor, buscaré, pues está lejos de tu rostro quien anda en pasiones tenebrosas, porque no es con los pies del cuerpo ni recorriendo distancias como nos acercamos o alejamos de ti. ¿Acaso aquel tu hijo menor buscó caballos, o carros, o naves, o voló con alas visibles, o hubo de mover las rodillas para irse a aquella región lejana donde disipó lo que le habías dado, oh padre dulce en dárselo y más dulce aún en recibirle andrajoso? Así, pues, estar en afecto libidinoso es lo mismo que estarlo en tenebroso y lo mismo que estar lejos de tu rostro.

Mira, Señor, Dios mío, y mira paciente, como sueles mirar, de qué modo los hijos de los hombres guardan con diligencia los preceptos sobre las letras y las sílabas recibidos de los primeros que hablaron y, en cambio, descuidan los preceptos eternos de salvación perpetua recibidos de ti; de tal modo que si alguno de los que saben o enseñan las reglas antiguas sobre los sonidos pronunciase, contra las leyes gramaticales, la palabra horno sin aspirar la primera letra, desagradaría más a los hombres que si, contra tus preceptos, odiase a otro hombre siendo hombre.

¡Como si el hombre pudiese tener enemigo más pernicioso que el mismo odio con que se irrita contra él o pudiera causar a otro mayor estrago persiguiéndole que el que causa a su corazón odiando! Y ciertamente que no nos es tan interior la ciencia de las letras como la conciencia que manda no hacer a otro lo que uno no quiere sufrir.

¡Oh, cuán secreto eres tú!, que, habitando silencioso en los cielos, único Dios grande, esparces infatigable, conforme a ley, cegueras vengadoras sobre las concupiscencias ilícitas, cuando el hombre, anheloso de fama de elocuente, persiguiendo a su enemigo con odio feroz ante un juez rodeado de gran multitud de hombres, se guarda muchísimo de que por un *lapsus linguae* no se le escape un *inter hominibus* y no le importa nada que con el furor de su odio le quite de entre los hombres.

Con todo, Señor, gracias te sean dadas a ti, excelentísimo y óptimo Creador y Gobernador del universo, Dios nuestro, aunque te hubieses contentado con hacerme sólo niño. Porque, aun entonces, existía, vivía, sentía y tenía cuidado de mi integridad, vestigio de tu secretísima unidad, por la cual existía.

Guardaba también con el sentido interior la integridad de los otros mis sentidos y me deleitaba con la verdad en los pequeños pensamientos que formaba sobre cosas pequeñas. No quería me engañasen, tenía buena memoria y me iba instruyendo con la conversación. Me deleitaba la amistad, huía del dolor, de la abyección y de la ignorancia. ¿Qué hay en un viviente como éste que no sea digno de admiración y alabanza? Pues todas estas cosas son dones de mi Dios, que yo no me los he dado a mí mismo. Y todos son buenos y yo soy todos ellos.

Bueno es el que me hizo y aun él es mi bien; a él quiero ensalzar por todos estos bienes que integraban mi ser de niño. En lo que pecaba yo entonces era en buscar en mí mismo y en las demás criaturas, no en él, los deleites, grandezas y verdades, por lo que caía luego en dolores, confusiones y errores.

Gracias a ti, dulzura mía, gloria mía, esperanza mía y Dios mío, gracias a ti por tus dones; pero guárdamelos tú para mí. Así me guardarás también a mí y se aumentarán y perfeccionarán los que me diste, y yo estaré contigo, porque tú me concediste que existiera.

LIBRO SEGUNDO

———— ❄ ————

Quiero recordar mis pasadas fealdades y las corrupciones carnales de mi alma, no porque las ame, sino por amarte a ti, Dios mío. Por amor de tu amor hago esto (*amore amoris tui facio istuc*), recorriendo con la memoria, llena de amargura, aquellos mis caminos perversísimos, para que tú me seas dulce, dulzura sin engaño, dichosa y eterna dulzura, y me recojas de la dispersión en que anduve dividido en partes cuando, apartado de la unidad, que eres tú, me desvanecí en muchas cosas.

Porque hubo un tiempo de mi adolescencia en que ardí en deseos de hartarme de las cosas más bajas, y osé oscurecerme con varios y sombríos amores, y se marchitó mi hermosura, y me volví podredumbre ante tus ojos por agradarme a mí y desear agradar a los ojos de los hombres.

Pero yo, miserable, habiéndote abandonado, me convertí en un hervidero, siguiendo el ímpetu de mi pasión, y traspasé todos tus preceptos, aunque no evadí tus castigos; y ¿quién lo logró de los mortales? Porque tú siempre estabas a mi lado, ensañándote misericordiosamente conmigo y rociando con amarguísimas contrariedades todos mis goces ilícitos para que buscara así el gozo sin contrariedades y, cuando yo lo hallara, en modo alguno lo hallara fuera de ti,

Señor; fuera de ti, que provocas el dolor para educar, y hieres para sanar, y nos das muerte para que no muramos sin ti.

Pero ¿dónde estaba yo? ¡Oh, y qué lejos, desterrado de las delicias de tu casa en aquel año décimosexto de la edad de mi carne, cuando la locura de la libídine, permitida por la desvergüenza humana, pero ilícita según tus leyes, tomó el bastón de mando sobre mí y yo me rendí totalmente a ella! Ni aun los míos se cuidaron de recogerme en el matrimonio al verme caer en ella; su cuidado fue sólo de que aprendiera a componer discursos magníficos y a persuadir con la palabra.

En este mismo año se interrumpieron mis estudios, cuando estaba de regreso en Madaura, ciudad vecina, a la que había ido a estudiar literatura y oratoria, en tanto que se hacían los preparativos necesarios para el viaje más largo a Cartago, más por animosa resolución de mi padre que por la abundancia de sus bienes, pues era un vecino muy modesto de Tagaste.

Pero ¿a quién cuento yo esto? No ciertamente a ti, Dios mío, sino en tu presencia cuento estas cosas a los de mi linaje, el género humano, cualquiera que sea la parte de él que pueda tropezar con este mi escrito. ¿Y para qué hago esto? Para que yo y quien lo leyere pensemos desde qué abismo tan profundo hemos de clamar a ti. ¿Y qué cosa más cerca de tus oídos que el corazón que te confiesa y la vida que procede de la fe?

¿Quién había entonces que no colmase de alabanza a mi padre, quien, yendo más allá de sus haberes familiares, gastaba con el hijo cuanto era necesario para un tan largo viaje por razón de sus estudios? Porque muchos ciudadanos, y mucho más ricos que él, no se ocupaban tanto de sus hijos.

Sin embargo, este mismo padre nada se cuidaba entre tanto de que yo creciera ante ti o fuera casto, sino únicamente de que fuera diserto, aunque mejor dijera desierto, por carecer de tu cultivo (*dummodo essem disertus vel desertus potius a cultura tua*), ¡oh Dios!, que eres el único, verdadero y buen Señor de tu campo: mi corazón.

Pero en aquel décimosexto año se impuso un descanso por la falta de recursos familiares y, libre de escuela, comencé vivir con mis padres. Se elevaron entonces sobre mi cabeza las zarzas de mis pasiones, sin que hubiera mano que me las arrancara. Al contrario, cuando cierto día, en los baños públicos, ese padre me vio que llegaba a la pubertad y que estaba revestido de una inquieta adolescencia, como si se gozara ya pensando en los nietos, se fue alegre a contárselo a mi madre; alegre por la embriaguez con que el mundo se olvida de ti, su Creador, y ama en tu lugar a la criatura, y que nace del vino invisible de su perversa y mal inclinada voluntad a las cosas de abajo.

Mas para este tiempo habías empezado ya a levantar en el corazón de mi madre tu templo y el principio de tu morada santa, pues mi padre no era más que catecúmeno, y esto desde hacía poco. De aquí que ella se sobresaltara con un santo temor y temblor, pues, aunque yo no era todavía cristiano, temió que siguiese las torcidas sendas por donde andan los que te vuelven la espalda y no el rostro.

¡Ay de mí! ¿Y me atrevo a decir que callabas cuando me iba alejando de ti? ¿Es verdad que tú callabas entonces conmigo? ¿Y de quién eran, sino de ti, aquellas palabras que por medio de mi madre, tu creyente, cantaste en mis oídos, aunque ninguna de ellas penetró en mi corazón para ponerlas por obra?

Ella quería –y recuerdo que me lo amonestó en secreto con grandísima solicitud– que no fornicase y, sobre todo, que no cometiese adulterio con una mujer casada. Pero estas reconvenciones me parecían mujeriles, a las que me hubiera avergonzado obedecer. Mas en realidad eran tuyas, aunque yo no lo sabía, y por eso creía que tú callabas y que era ella la que me hablaba, siendo tú despreciado por mí en ella; por mí, su hijo, hijo de tu sierva y siervo tuyo, que no cesabas de hablarme por su medio.

Pero yo no lo sabía, y me precipitabas con tanta ceguera que me avergonzaba entre mis coetáneos de ser menos desvergonzado que ellos cuando les oía jactarse de sus maldades y gloriarse tanto cuanto más indecentes eran, agradando hacerlas no sólo por el deleite de las mismas, sino también por ser alabado. ¿Qué cosa hay más digna de reproche que el vicio? Y, sin embargo, por no ser reprochado me hacía más vicioso, y cuando no había hecho nada que me igualase con los más perdidos, fingía haber hecho lo que no había hecho, para no parecer más despreciable, por el hecho de ser más inocente; ni ser tenido por más vil, por el hecho de ser más casto.

Ciertamente, Señor, que tu ley castiga el hurto, ley de tal modo escrita en el corazón de los hombres, que ni la misma iniquidad puede borrar. ¿Qué ladrón hay que tolere con paciencia a otro ladrón? Ni aun el rico tolera esto al que es empujado por la pobreza. Y yo quise cometer un hurto y lo cometí, no forzado por la pobreza, sino por penuria y fastidio de justicia y por abundancia de iniquidad. Pues robé aquello que tenía en abundancia y mucho mejor. Ni era el gozar de aquello lo que yo apetecía en el hurto, sino el hurto y el pecado mismo.

Había un peral en las inmediaciones de nuestra viña cargado de peras, que ni por el aspecto ni por el sabor tenían nada de tentadoras. Unos cuantos jóvenes viciosos nos encaminamos a él, a hora intempestiva de la noche –pues hasta entonces habíamos estado jugando en las eras, según nuestra mala costumbre–, con ánimo de sacudirle y cosecharle. Y llevamos de él grandes cargas, no para saciarnos, sino más bien para tener que echárselas a los puercos, aunque algunas comimos, siendo nuestro deleite hacer aquello que nos placía por el hecho mismo de que nos estaba prohibido.

He aquí, Señor, mi corazón; he aquí mi corazón, del cual tuviste misericordia cuando estaba en lo profundo del abismo. Que este mi corazón te diga qué era lo que allí buscaba para ser malo gratuitamente y que mi maldad no tuviese más causa que la maldad. Fea era, y yo la amé; amé el perecer, amé mi defecto, no aquello por lo que faltaba, sino mi mismo defecto. Torpe alma mía, que saltando fuera de tu base ibas al exterminio, no buscando algo por medio de la ignominia, sino la ignominia misma.

Porque la soberanía imita la altura, mas tú eres el único que estás sobre todas las cosas, ¡oh Dios excelso! Y la ambición, ¿qué busca, sino honores y gloria, siendo tú el único sobre todas las cosas digno de ser honrado y glorificado eternamente? La crueldad de los tiranos quiere ser temida; pero ¿quién ha de ser temido, sino el solo Dios, a cuyo poder nadie, en ningún tiempo, ni lugar, ni por ningún medio puede sustraerse ni huir? Las caricias de los desenfrenados buscan ser amadas; pero nada hay más cariñoso que tu caridad, ni que se ame con mayor provecho que tu verdad, sobre todas las cosas hermosa y resplandeciente. La curiosidad parece tratar de alcanzar el cultivo de la ciencia, siendo tú quien conoce en sumo grado todas las cosas. Hasta la misma ignorancia y la estupidez se cubren con el nombre de sencillez e inocencia, porque no hallan nada más sencillo que tú; ¿y qué más inocente que tú, que aun el daño que reciben los malos les viene de sus malas obras? La flojera desea hacerse pasar por descanso; pero ¿qué descanso cierto hay fuera del Señor? El lujo desea ser llamado saciedad y abundancia; pero tú solo eres la plenitud y la abundancia indeficiente de eterna suavidad. El derroche se oculta bajo el aspecto de generosidad; pero sólo tú eres el verdadero y generosísimo dador de todos los bienes. La avaricia quiere poseer muchas cosas; pero tú solo las posees todas. La envidia compite por la excelencia; pero ¿qué hay más excelente que tú? La ira busca la venganza; ¿y qué venganza más justa que la tuya? El temor se espanta de las cosas repentinas e insólitas, contrarias a lo que uno ama y desea tener seguro; mas ¿qué en ti de nuevo o repentino?, ¿quién hay que te arrebate lo que amas? y ¿en dónde sino en ti se encuentra la firme seguridad? La tristeza se abate con las cosas perdidas, con que solía gozarse la codicia, y no quisiera se le quitase nada, como nada se te puede quitar a ti.

Así es como fornica el alma: cuando se aparta de ti, busca fuera de ti lo que no puede hallar puro y sin mezcla sino cuando vuelve a ti. Torcidamente te imitan todos los que se alejan y alzan contra ti. Pero aun imitándote así indican que tú eres el Creador de toda criatura y, por tanto, que no hay lugar adonde uno se aparte de modo absoluto de ti.

Pues ¿qué fue entonces lo que yo amé en aquel huerto o en qué imité, siquiera viciosa y torcidamente, a mi Señor?

¿Acaso fue el deleitarme actuando engañosamente contra la ley, realizando impunemente lo que estaba prohibido, para que yo, cautivo de una libertad defectuosa, imitara una imagen oscurecida de tu omnipotencia, ya que que no podía con mi poder?

He aquí al siervo que, huyendo de su señor, consiguió la sombra. ¡Oh podredumbre! ¡Oh monstruo de la vida y abismo de la muerte! ¿Es posible que me fuera grato lo que no me era lícito, y no por otra cosa sino porque no me era lícito?

¿Qué daré en retorno al Señor por poder recordar mi memoria todas estas cosas sin que tiemble ya mi alma por ellas?

Te amaré, Señor, y te daré gracias y confesaré tu nombre por haberme perdonado tantas y tan nefastas acciones mías. A tu gracia y misericordia debo que hayas deshecho mis pecados como hielo y no haya caído en otros muchos. ¿Qué pecados realmente no pude yo cometer, yo, que amé gratuitamente el crimen?

Confieso que todos me han sido ya perdonados, así los cometidos voluntariamente como los que dejé de hacer por tu favor. ¿Quién hay de los hombres que, conociendo su debilidad, atribuya a sus fuerzas su castidad y su inocencia, para por ello amarte menos, como si hubiera necesitado menos de tu misericordia, por la que perdonas los pecados a los que se convierten a ti?

Que aquel, pues, que, llamado por ti, siguió tu voz y evitó todas estas cosas que lee de mí, y yo recuerdo y confieso, no se ría de mí por haber sido sanado estando enfermo por el mismo médico que le preservó a él de caer enfermo; o más bien, de que no enfermara tanto. Antes, sí, debe amarte tanto y aún más que yo; porque el mismo que me sanó a mí de tantas y tan graves enfermedades, ése mismo le libró a él de caer en ellas.

(...) Yo me alejé de ti y anduve errante, Dios mío, muy fuera del camino de tu estabilidad allá en mi adolescencia y llegué a ser para mí región de indigencia.

LIBRO TERCERO

❄

Llegué a Cartago, y por todas partes chisporroteaba en torno mío un hervidero de amores impuros. Todavía no amaba, pero amaba amar y con secreta indigencia me odiaba a mí mismo por verme menos indigente. Buscaba qué amar amando amar y odiaba la seguridad y la senda sin peligros, porque tenía dentro de mí hambre del alimento interior, de ti mismo, ¡oh Dios mío!, aunque esta hambre yo no la sentía; más bien estaba sin apetito alguno de los alimentos incorruptibles, no porque estuviera lleno de ellos, sino porque, cuanto más vacío, tanto más hastiado me sentía. Y por eso mi alma no se hallaba bien, y, herida, se arrojaba fuera de sí, ávida de restregarse miserablemente con el contacto de las cosas sensibles, las cuales, si no tuvieran alma, no serían ciertamente dignas de amor.

Amar y ser amado era la cosa más dulce para mí, sobre todo si podía gozar del cuerpo de la persona amada. De este modo manchaba la fuente de la amistad con las inmundicias de la concupiscencia y obscurecía su claridad con los infernales vapores de la lujuria. Y con ser tan torpe y deshonesto, deseaba con afán, rebosante de vanidad, pasar por elegante y cortés.

Caí también en el amor en que deseaba ser cogido. Pero, ¡oh Dios mío, misericordia mía, con cuánta amargura no rociaste aquella mi suavidad y cuán bueno fuiste en ello! Porque al fin fui amado, y llegué secretamente al vínculo del placer, y me dejé amarrar alegre con molestas ataduras, para ser luego azotado con las varas candentes de hierro de los celos, sospechas, temores, iras y contiendas.

Aquellos estudios que se llaman honestos tenían por objetivo las contiendas del foro, para hacer sobresalir en ellas, en las que, entre más se engaña, más se es alabado. ¡Tanta es la ceguera de los hombres, que hasta de su misma ceguera se glorian! Y ya había llegado a ser «el mayor» de la escuela de retórica y me gozaba de ello soberbiamente y me hinchaba de orgullo.

Con todo, tú sabes, Señor, que era mucho más calmado que los demás y totalmente ajeno a las perversiones de los trastornados —nombre siniestro y diabólico que ha logrado convertirse en distintivo de urbanidad—, y entre los cuales vivía con impúdico pudor, por no ser como uno de ellos. Es verdad que andaba con ellos y me gozaba a veces con sus amistades, pero siempre aborrecí sus hechos, esto es, las revueltas con que impúdicamente sorprendían y ridiculizaban la candidez de los novatos, sin otro fin que el de tener el gusto de burlarles y apacentar a costa ajena sus malévolas alegrías. Nada hay más parecido que este hecho a los hechos de los demonios, por lo que ningún nombre les cuadra mejor que el de trastornados o perversores, por ser ellos antes trastornados y pervertidos totalmente por los espíritus malignos, que así los burlan y engañan, sin saberlo, en aquello mismo en que desean reírse y engañar a los demás.

Entonces, en tan frágil edad, entre estos tales, yo estudiaba los libros de la elocuencia, en la que deseaba sobresalir con el fin condenable y vano de satisfacer la vanidad humana. Mas, siguiendo el orden usado en la enseñanza de tales estudios, llegué a un libro de un cierto Cicerón, cuyo lenguaje casi todos admiran, aunque no así su contenido. Este libro contiene una exhortación suya a la filosofía, y se llama el *Hortensio*. Tal libro cambió mis afectos y mudó hacia ti, Señor, mis súplicas e hizo que mis votos y deseos fueran otros. De repente apareció a mis ojos vil toda esperanza vana, y con el increíble ardor de mi corazón suspiraba por la inmortalidad de la sabiduría, y comencé a levantarme para volver a ti. Porque no era para suplir el estilo —que es lo que parecía que yo debía comprar con los dineros de mi madre en aquella edad de mis diecinueve años, haciendo dos que había muerto mi padre—; no era, repito, para pulir el estilo para lo que yo empleaba la lectura de aquel libro, ni era la elocuencia lo que a ella me incitaba, sino lo que decía.

¡Cómo ardía, Dios mío, cómo ardía en deseos de remontar el vuelo desde las cosas terrenas hacia ti, sin que yo supiera lo que entonces tú obrabas en mí! Porque en ti está la sabiduría. Y el amor a la sabiduría tiene un nombre en griego, que se dice filosofía, al cual me encendían aquellas páginas. No han faltado quienes han engañado sirviéndose de la filosofía, coloreando y encubriendo sus errores con nombre tan grande, tan dulce y honesto. Mas casi todos los que en su tiempo y en épocas anteriores hicieron tal están indicados y descubiertos en dicho libro. También se pone allí de manifiesto aquel saludable aviso de tu Espíritu, dado por medio de tu siervo bueno y piadoso [Pablo]: "Ved que no os engañe nadie con vanas filosofías y argucias seductoras, según la tradición de los hombres, según la tradición de los elementos de este mundo y no según Cristo, porque en él habita corporalmente toda la plenitud de la divinidad".

Mas entonces —tú lo sabes bien, luz de mi corazón—, como aún no conocía yo el consejo de tu Apóstol, sólo me deleitaba en aquella exhortación que me excitaba, encendía e inflamaba con su palabra a amar, buscar, lograr, retener y abrazar fuertemente no esta o aquella escuela, sino la Sabiduría misma, dondequiera estuviese. Sólo una cosa enfriaba tan gran incendio, y era el no ver allí escrito el nombre de Cristo. Porque este nombre, Señor, este nombre de mi Salvador, tu Hijo, lo había yo por tu misericordia bebido piadosamente con la leche de mi madre y lo conservaba en lo más profundo del corazón; y así, cuanto estaba escrito sin este nombre, por muy verídico, elegante y erudito que fuese, no me arrebataba del todo.

En vista de ello decidí aplicar mi ánimo a las Santas Escrituras y ver qué tal eran. Mas he aquí que veo algo no hecho para los soberbios ni clara para los pequeños, sino en la entrada baja y sublime en su interior y velada por los misterios, y yo no era tal que pudiera entrar por ella o agachar la cabeza a su ingreso. Sin embargo, al fijar la atención en ellas, no pensé entonces lo que ahora digo, sino simplemente me parecieron indignas de parangonarse con la majestad de los escritos de Tulio. Mi hinchazón rechazaba su estilo y mi mente no penetraba su interior. Con todo, ellas eran tales que habían de crecer con los pequeños; mas yo me negaba a ser pequeño e, hinchado de soberbia, me creía grande.

De este modo vine a dar con unos hombres delirantes de soberbia, carnales y charlatanes, en cuya boca hay lazos diabólicos y una mezcla viscosa hecha con las sílabas de tu nombre, del de nuestro Señor Jesucristo y del de nuestro Paráclito y Consolador, el Espíritu Santo. Estos nombres no se apartaban de sus bocas, pero sólo en el sonido y ruido de la boca, pues en lo demás su corazón estaba vacío de toda verdad.

Decían: «¡Verdad! ¡Verdad!», y me lo decían muchas veces, pero jamás se hallaba en ellos; más bien decían muchas cosas falsas, no sólo de ti, que eres verdaderamente la Verdad, sino también de los elementos de este mundo, creación tuya, a partir de los que debí sobrepasar incluso lo verdadero que dicen los filósofos, por amor a ti, ¡oh Padre mío sumamente bueno y hermosura de todas las hermosuras!

¡Oh verdad, verdad!, cuán íntimamente suspiraba entonces por ti desde las médulas de mi alma, cuando aquéllos te hacían resonar en torno mío frecuentemente y de muchos modos, si bien sólo de palabras y en sus muchos y voluminosos libros. Éstos eran las bandejas en las que, estando yo hambriento de ti, me servían en tu lugar el sol y la luna, obras tuyas hermosas, pero al fin obras tuyas, no tú mismo, y ni aun siquiera de las principales. Porque más excelentes son tus obras espirituales que estas corporales, aunque luminosas y celestes. Pero yo tenía hambre y sed no de aquellas primeras, sino de ti misma, ¡oh Verdad, en quien no hay mudanza alguna ni obscuridad momentánea!

Y continuaban aquéllos sirviéndome en dichas bandejas espléndidos fantasmas, respecto de los cuales hubiera sido mejor amar este sol, al menos verdadero a la vista, que no aquellas falsedades que por los ojos del cuerpo engañaban al alma.

Mas como las tomaba por ti, comía de ellas, no ciertamente con avidez, porque no me sabían a ti —que no eras aquellos vanos fantasmas— ni me nutría con ellas, más bien me sentía cada vez más extenuado. Y es que el alimento que se toma en sueños, no obstante ser muy semejante al que se toma despierto, no alimenta a los que duermen, porque están dormidos. Pero aquéllos no eran semejantes a ti en ningún aspecto, como ahora me lo ha manifestado la verdad, porque eran fantasmas corpóreos o falsos cuerpos, en cuya comparación son más ciertos estos cuerpos verdaderos que vemos con los ojos de la carne —sean celestes o terrenos— tal como las bestias y aves.

Vemos estas cosas y son más ciertas que cuando las imaginamos, y a su vez, cuando las imaginamos, más ciertas que cuando por medio de ellas conjeturamos otras mayores e infinitas, que en modo alguno existen. Con tales quimeras yo me apacentaba entonces y por eso no me nutría. Mas tú, amor mío, en quien desfallezco para ser fuerte, ni eres estos cuerpos que vemos, aunque sea en el cielo, ni los otros que no vemos allí, porque tú eres el Creador de todos éstos, sin que los tengas por las más altas creaciones de tu mano.

¡Oh, cuán lejos estabas de aquellos mis fantasmas imaginarios, fantasmas de cuerpos que no han existido jamás, en cuya comparación son más reales las imágenes de los cuerpos existentes; y más aún que aquéllas, éstos, los cuales, sin embargo, no eres tú! Pero ni siquiera eres el alma que da vida a los cuerpos —y como vida de los cuerpos, mejor y más cierta que los cuerpos—, sino que tú eres la vida de las almas, la vida de las vidas, que vives por ti misma y no te cambias: la vida de mi alma.

Porque los versos y la poesía los puedo yo convertir en vianda sabrosa; y en cuanto al vuelo de Medea, si bien lo recitaba, no lo afirmaba; y si gustaba de oírlo, no lo creía. Mas aquellas cosas las creí. ¡Ay, ay de mí, por qué grados fui descendiendo hasta las profundidades del abismo, lleno de fatiga y devorado por la falta de verdad! Y todo, Dios mío —a quien me confieso por haber tenido misericordia de mí cuando aún no te confesaba—, todo por buscarte no con la inteligencia —con la que quisiste que yo aventajase a las bestias—, sino con los sentidos de la carne, porque tú estabas dentro de mí, más interior que lo más íntimo mío y más alto que lo más sumo mío.

No conocía yo lo otro, lo que verdaderamente es; y me sentía como agudamente movido a asentir a aquellos recios engañadores cuando me preguntaban de dónde procedía el mal, y si Dios estaba limitado por una forma corpórea, y si tenía cabellos y uñas, y si habían de ser tenidos por justos los que tenían varias mujeres al mismo tiempo, y los que causaban la muerte a otros y sacrificaban animales. Yo, ignorante de estas cosas, me perturbaba con ellas y, alejándome de la verdad, me parecía que iba hacia ella, porque no sabía que el mal no es más que privación del bien hasta llegar a la misma nada. Y ¿cómo lo había yo de saber, si con la vista de los ojos no alcanzaba a ver más que cuerpos y con la del alma no iba más allá de los fantasmas? Tampoco sabía que Dios fuera espíritu y que no tenía miembros a lo largo ni a lo ancho, ni cantidad material alguna, porque la cantidad o masa es siempre menor en la parte que en el todo, y, aun dado que fuera infinita, siempre sería menor la contenida en el espacio de una parte que la extendida por el infinito, por lo demás, no puede estar en todas partes como el espíritu, como Dios. También ignoraba totalmente qué es aquello que hay en nosotros según lo cual somos y con verdad se nos llama en la Escritura imagen de Dios.

No conocía tampoco la verdadera justicia interior, que juzga no por la costumbre, sino por la ley rectísima de Dios omnipotente, según la cual se han de formar las costumbres de los países y épocas conforme a los mismos países y tiempos; y siendo la misma en todas las partes y tiempos, no varía según las latitudes y las épocas. Según la cual fueron justos Abraham, Isaac, Jacob y David y todos aquellos que son alabados por boca de Dios; aunque los ignorantes, juzgando las cosas por el módulo humano y midiendo la conducta de los demás por la suya, los juzgan inicuos. Como si un ignorante en armaduras, que no sabe lo que es propio de cada miembro, quisiera cubrir la cabeza con las polainas y los pies con el casco y luego se quejase de que no le venían bien las piezas. O como si otro se molestase de que en determinado día, mandando guardar de fiesta desde mediodía en adelante, no se le permitiera vender la mercancía por la tarde que se le permitió por la mañana; o porque ve que en una misma casa se permite tocar a un esclavo cualquiera lo que no se consiente al que asiste a la mesa; o porque no se permite hacer ante los comensales lo que se hace tras los establos; o, finalmente, se indignase porque, siendo una la vivienda y una la familia, no se distribuyesen las cosas a todos por igual.

Tales son los que se indignan cuando oyen decir que en otros siglos se permitieron a los justos cosas que no se permiten a los justos de ahora, y que mandó Dios a aquéllos una cosa y a éstos otra, según la diferencia de los tiempos, sirviendo unos y otros a la misma norma de santidad. Y éstos no se dan cuenta que en un mismo hombre, y en un mismo día, y en la misma hora, y en la misma casa conviene una cosa a un miembro y otra a otro y que lo que poco antes fue lícito, pasado su momento no lo es; y que lo que en una parte se permite, justamente se prohíbe y castiga en otra.

¿Diremos por esto que la justicia es variable y cambiante? Lo que pasa es que los tiempos que aquélla preside y rige no caminan iguales, porque son tiempos. Mas los hombres, cuya vida sobre la tierra es breve, como no saben compaginar las causas de los siglos pasados y de las gentes que no han visto ni experimentado con las que ahora ven y experimentan, y, por otra parte, ven fácilmente lo que en un mismo cuerpo, y en un mismo día, y en una misma casa conviene a cada miembro, a cada tiempo, a cada parte y a cada persona, condenan las cosas de aquellos tiempos, en tanto que aprueban las de éstos.

Lo mismo ha de decirse de los delitos cometidos por deseo de hacer daño, sea por afrenta o sea por injuria; y ambas cosas, o por deseo de venganza, como ocurre entre enemigos; o por alcanzar algún bien sin trabajar, como el ladrón que roba al viajero; o por evitar algún mal, como el que teme; o por envidia, como acontece al desgraciado con el que es más dichoso, o al que ha prosperado y teme se le iguale o le pesa de haberlo sido ya; o por el solo deleite, como el espectador de juegos de gladiadores; o el que se ríe y burla de los demás.

Estas son las cabezas o fuentes de iniquidad que brotan de la concupiscencia de mandar, ver o sentir, ya sea de una sola, ya de dos, ya de todas juntas, y por las cuales se vive mal, ¡oh Dios altísimo y dulcísimo!, contra los tres y siete, el salterio de diez cuerdas, tu decálogo.

Pero ¿qué pecados puede haber en ti, que no sufres corrupción? ¿O qué crímenes pueden cometerse contra ti, a quien nadie puede hacer daño? Pero lo que tú castigas es lo que los hombres cometen contra sí, porque hasta cuando pecan contra ti obran impíamente contra sus almas y su iniquidad se engaña a sí misma, ya corrompiendo y pervirtiendo su naturaleza –la que has hecho y ordenado tú–, ya sea usando inmoderadamente las cosas permitidas, ya sea deseando ardientemente las no permitidas, según el uso que es contra naturaleza.

También se hacen reos del mismo crimen quienes de pensamiento y de palabra se enfurecen contra ti y dan golpes contra el aguijón, o cuando, rotos los límites de la convivencia humana, se alegran, audaces, con uniones o desuniones privadas, según que fuere de su agrado o disgusto. Y todo esto se hace cuando eres abandonado tú, fuente de vida, único y verdadero Creador y Rector del universo, y con soberbia privada se ama en la parte una falsa unidad.

Así, pues, sólo con humilde piedad se vuelve uno a ti, y es como tú nos purificas de las malas costumbres, y te muestras propicio con los pecados de los que te confiesan, y escuchas los gemidos de los cautivos, y nos libras de los vínculos que nosotros mismos nos forjamos, con tal que no levantemos contra ti los cuernos de una falsa libertad, ya sea arrastrados por el ansia de poseer más, o por el temor de perderlo todo, amando más nuestro propio interés que a ti, Bien de todos.

Desconocedor yo de estas cosas, me reía de aquellos tus santos siervos y profetas. Pero ¿qué hacía yo cuando me reía de ellos, sino hacer que tú te rieses de mí, dejándome caer insensiblemente y poco a poco en tales ridiculeces hasta que llegara a creer que el higo, cuando se le arranca, llora lágrimas de leche juntamente con su madre el árbol, y que si algún santo de la secta comía dicho higo, arrancado no por delito propio, sino ajeno, y lo mezclaba con sus entrañas, después, gimiendo y eructando, exhalaba ángeles en la oración y aún partículas de Dios. Aquellas partículas del sumo y verdadero Dios hubieren estado ligadas siempre a aquel fruto de no ser libertadas por el diente y vientre del santo Electo.

También creí, miserable, que se debía tener más misericordia con los frutos de la tierra que con los hombres, por los que han sido creados; porque si alguno estando hambriento, que no fuese maniqueo, me los hubiera pedido, me parecía que el dárselos era como condenar a pena de muerte aquel bocado.

Pero enviaste tu mano de lo alto y sacaste mi alma de este abismo de tinieblas. Entre tanto, mi madre, fiel sierva tuya, lloraba por mí ante ti mucho más que las demás madres suelen llorar la muerte corporal de sus hijos, porque ella veía mi muerte con la fe y espíritu que había recibido de ti. Y tú la escuchaste, Señor; tú la escuchaste y no despreciaste sus lágrimas, que, corriendo abundantes, regaban el suelo debajo de sus ojos allí donde hacía oración; sí, tú la escuchaste, Señor. Porque ¿de dónde si no aquel sueño con que la consolaste, viniendo por ello a admitirme en su compañía y mesa, que había comenzado a negarme por su adversión y detestación a las blasfemias de mi error?

En efecto, se vio de pie sobre una regla de madera y a un joven resplandeciente, alegre y risueño que venía hacia ella, toda triste y afligida. Éste, como le preguntase la causa de su tristeza y de sus lágrimas diarias, no por aprender, como ocurre ordinariamente, sino para instruirla, y ella a su vez le respondiese que era mi perdición lo que lloraba, le mandó y amonestó para su tranquilidad que atendiese y viera cómo donde ella estaba allí estaba yo también. Lo cual, como ella observase, me vio junto a ella de pie sobre la misma regla.

¿De dónde vino esto sino porque tú tenías tus oídos aplicados a su corazón, oh tú, omnipotente y bueno, que así cuidas de cada uno de nosotros, como si no tuvieras más que cuidar, y así de todos como de cada uno?

¿Y de dónde también le vino que, contándome mi madre esta visión y queriéndola yo persuadir de que significaba lo contrario y que no debía desesperar de que algún día sería ella también lo que yo era al presente, al punto, sin vacilación alguna, me respondió: «No me dijo: donde él está, allí estás tú, sino donde tú estás, allí está él?».

Confieso, Señor, y muchas veces lo he dicho, que, por lo que yo me acuerdo, me movió más esta respuesta de mi atenta madre, por no haberse turbado con una explicación errónea tan verosímil y haber visto lo que se debía ver –y que yo ciertamente no había visto antes que ella me lo dijese–, que el mismo sueño con el cual anunciaste a esta piadosa mujer, con mucho tiempo de antelación, a fin de consolarla en su inquietud presente, un gozo que no había de realizarse sino mucho tiempo después.

Porque todavía hubieron de seguirse casi nueve años, durante los cuales continué revolcándome en aquel abismo de barro y tinieblas de error, hundiéndome tanto más cuanto más esfuerzos hacía por salir de él. Entre tanto, aquella piadosa viuda, casta y sobria como la que tú amas, ya un poco más alegre con la esperanza que tenía, pero no menos solícita en sus lágrimas y gemidos, no cesaba de llorar por mí, en tu presencia, en todas las horas de sus oraciones, las cuales no obstante ser aceptadas por ti, me dejabas, sin embargo, que me revolcara y fuera envuelto por aquella oscuridad.

También por este mismo tiempo le diste otra respuesta, a

lo que yo recuerdo -pues paso en silencio muchas cosas por la prisa que tengo de llegar a aquellas otras que me urgen más que te confiese y otras muchas porque no las recuerdo-; diste, digo, otra respuesta a mi madre por medio de un sacerdote tuyo, cierto Obispo, educado en tu Iglesia y ejercitado en tus Escrituras, a quien como ella rogase que se dignara hablar conmigo, para refutar mis errores, desengañarme de mis malas doctrinas y enseñarme las buenas —hacía esto con cuantos hallaba idóneos—, él se negó con mucha prudencia, por lo que he podido ver después, contestándole que estaba incapacitado para recibir ninguna enseñanza por estar muy inflado con la novedad de la herejía maniquea y por haber puesto en apuros a muchos ignorantes con algunas cuestioncillas, como ella misma le había indicado: «Dejadle estar —dijo— y rogad únicamente por él al Señor; él mismo leyendo los libros de ellos descubrirá el error y conocerá su gran impiedad». Y al mismo tiempo le contó cómo siendo él niño había sido entregado por su engañada madre a los maniqueos, llegando no sólo a leer, sino a copiar casi todos sus escritos; y cómo él mismo, sin necesidad de nadie que le argumentase ni convenciese, llegó a conocer cuán digna de desprecio era aquella secta y cómo al fin la había abandonado.

Mas como una vez dicho esto no se aquietara, sino que insistiese con mayores ruegos y más abundantes lágrimas para que se viera conmigo y discutiese sobre dicho asunto, él, cansado ya de su importunidad, le dijo: «Vete en paz, mujer; ¡así Dios te dé vida!, que no es posible que perezca el hijo de tantas lágrimas». Respuesta que ella recibió, según me recordaba muchas veces en sus coloquios conmigo, como venida del cielo.

LIBRO CUARTO

❄

Así, pues, no cesaba de consultar a aquellos impostores llamados astrólogos, porque no usaban en sus adivinaciones casi ningún sacrificio ni dirigían conjuro alguno a ningún espíritu, lo que también condena y rechaza, con razón, la piedad cristiana y verdadera. Porque lo bueno es confesarte a ti, Señor, y decirte: Ten misericordia de mí y sana mi alma, porque ha pecado contra ti, y no abusar de tu indulgencia para pecar más libremente, sino tener presente la sentencia del Señor: He aquí que has sido ya sanado; no vuelvas a pecar más, no sea que te suceda algo peor. Palabras cuya eficacia pretenden destruir los astrólogos diciendo: «De los cielos viene la necesidad de pecar», y «esto lo hizo Venus, Saturno o Marte», y todo para que el hombre, que es carne y sangre y soberbia podredumbre, quede sin culpa y sea atribuida al Creador y Ordenador del cielo y las estrellas. ¿Y quién es éste, sino tú, Dios nuestro, suavidad y fuente de justicia, que das a cada uno según sus obras y no desprecias al corazón contrito y humillado?

En aquellos años, en el tiempo en que por primera vez abrí cátedra en mi ciudad natal, adquirí un amigo, a quien quise mucho por ser condiscípulo mío, de mi misma edad y hallarnos ambos en la flor de la juventud. Juntos nos había-

mos criado de niños, juntos habíamos ido a la escuela y juntos habíamos jugado. Mas entonces no era tan amigo como
lo fue después, aunque tampoco después lo fue tanto como
exige la verdadera amistad, puesto que no hay amistad verdadera sino entre aquellos a quienes tú reúnes entre sí por
medio de la caridad, derramada en nuestros corazones por
el Espíritu Santo que nos ha sido dado.

Con todo, era para mí aquella amistad —cocida con el
calor de estudios semejantes— muy dulce. Hasta había logrado apartarle de la verdadera fe, no muy bien hermanada y
arraigada todavía en su adolescencia, inclinándole hacia
aquellas fábulas supersticiosas y perjudiciales, por las que
me lloraba mi madre. Conmigo erraba ya aquel hombre en
espíritu, sin que mi alma pudiera vivir sin él.

Mas he aquí que, estando tú muy cerca de la espalda de
tus siervos fugitivos, ¡oh Dios de las venganzas y, a la vez,
fuente de las misericordias, que nos conviertes a ti por
modos sorprendentes!, he aquí que tú le arrebataste de esta
vida cuando apenas había gozado un año de su amistad, más
dulce para mí que todas las dulzuras de aquella mi vida.

¡Quién hay que pueda contar tus alabanzas, aun reducido únicamente a lo que uno ha experimentado en sí solo?
¿Qué hiciste entonces, Dios mío? ¡Oh, y cuán impenetrable
es el abismo de tus juicios! Porque como él fuese atacado
por una fiebre y quedara mucho tiempo sin sentido bañado
en sudor de muerte, como se desesperara de su vida, se le
bautizó sin él saberlo, lo que no me importó, por presumir
que su alma conservaría más lo que había recibido de mí,
que lo que había recibido en el cuerpo, sin él saberlo. La realidad, sin embargo, fue muy distinta. Porque habiendo

mejorado y ya a salvo, tan pronto como le pude hablar —y lo pude tan pronto como lo pudo él, pues no me separaba un momento de su lado y mutuamente estábamos pendientes el uno del otro—, intenté reírme del bautismo en su presencia, creyendo que también él se reiría del bautismo que había recibido sin conocimiento ni sentido, pero que, sin embargo, sabía que lo había recibido. Pero él, mirándome con horror como a un enemigo, me amonestó con admirable y repentina libertad, diciéndome que, si quería ser su amigo, cesase de decir tales cosas. Yo, estupefacto y turbado, reprimí todos mis ímpetus para que convaleciera primero y, recobradas las fuerzas de la salud, estuviese en disposición de discutir conmigo en lo que fuera de mi gusto. Mas tú, Señor, le libraste de mi locura, a fin de ser guardado en ti para mi consuelo, pues pocos días después, estando yo ausente, le volvieron las fiebres y murió.

¡Con qué dolor se entenebreció mi corazón! Cuanto miraba era muerte para mí. La patria me era un suplicio, y la casa paterna un tormento insufrible, y cuanto había compartido con él se me volvía sin él un suplicio cruelísimo. Mis ojos le buscaban por todas partes y no aparecía. Y llegué a odiar todas las cosas, porque no le tenían ni podían decirme ya como antes, cuando venía después de una ausencia: «He aquí que ya viene». Yo me había vuelto para a mí mismo una gran dificultado (*factus eram ipse mihi magna quaestio*) y preguntaba a mi alma por qué estaba triste y me conturbaba tanto, y no sabía qué responderme. Y si yo le decía: «Espera en Dios», ella no me hacía caso, y con razón, porque más real y mejor era aquel amigo queridísimo que yo había perdido que aquel fantasma en el que se le ordenaba que esperase. Sólo el llanto me era dulce y ocupaba el lugar de mi amigo en las delicias de mi corazón.

Mas ahora, Señor, que ya pasaron aquellas cosas y con el tiempo se ha suavizado mi herida, ¿puedo oír de ti, que eres la misma verdad, y aplicar el oído de mi corazón a tu boca para que me digas por qué el llanto es dulce a los miserables? ¿Acaso tú, aunque presente en todas partes, has arrojado lejos de ti nuestra miseria y permaneces inmutable en ti, en tanto que nos dejas a nosotros ser zarandeados por nuestras pruebas? Y, sin embargo, es cierto que, si nuestros suspiros no llegasen a tus oídos, ninguna esperanza quedaría para nosotros.

Pero ¿de dónde viene que de lo amargo de la vida se coseche el dulce fruto del gemir, llorar, suspirar y quejarse? ¿Acaso esto es dulce en sí porque esperamos ser escuchados de ti? Así es cuando se trata de las súplicas, las cuales llevan en sí siempre el deseo de llegar a ti; pero ¿podía decirse lo mismo del dolor de lo perdido o del llanto en que estaba yo entonces inundado? Porque yo no esperaba que él resucitara, ni pedía esto con mis lágrimas, sino que me contentaba con dolerme y llorar, porque era miserable y había perdido mi gozo. ¿Acaso también el llanto, cosa amarga de suyo, nos es deleitoso cuando por el hastío aborrecemos aquellas cosas que antes nos eran gratas?

Pero ¿por qué hablo de estas cosas? Porque no es éste tiempo de investigar, sino de confesarte a ti. Era yo miserable, como lo es toda alma prisionera del amor de las cosas temporales, que se siente despedazar cuando las pierde, sintiendo entonces su miseria, por la que es miserable aun antes de que las pierda. Así era yo en aquel tiempo, y lloraba amarguísimamente y descansaba en la amargura. Y tan miserable era que aún más que a aquel amigo queridísimo, yo amaba la misma vida miserable. Porque aunque quisiera cambiarla, sin embargo, no quería perderla más que al amigo, y aun no sé si quisiera perderla por él, como se dice de Orestes y Pílades –si no es cosa inventada–, que querían morir el uno por el otro o ambos al mismo tiempo, por serles más duro que la muerte, el no poder vivir juntos. Mas no sé qué afecto había nacido en mí, muy contrario a éste, porque sentía un grandísimo tedio de vivir y al mismo tiempo tenía miedo de morir. Creo que cuanto más amaba yo al amigo, tanto más odiaba y temía a la muerte, como a un cruelísimo enemigo que me lo había arrebatado, y pensaba que ella acabaría de repente con todos los hombres, pues había podido acabar con él. Tal era yo entonces, según recuerdo.

He aquí mi corazón, Dios mío; helo aquí por dentro. Observa, porque tengo presente, esperanza mía, que tú eres quien me limpia de la inmundicia de tales afectos, atrayendo hacia ti mis ojos y librando mis pies de los lazos que me aprisionaban. Me sorprendía que viviesen los demás mortales por haber muerto aquel a quien yo había amado, como si nunca hubiera de morir; y más me sorprendía aún de que, habiendo muerto él, viviera yo, que era otro él. Bien dijo uno de su amigo que «era la mitad de su alma». Porque yo sentí que «mi alma y la suya no eran más que una en dos cuerpos», y por eso me causaba horror la vida, porque no quería vivir a medias, y al mismo tiempo temía mucho morir, por que no muriese del todo aquel a quien había amado tanto.

¡Oh locura, que no sabe amar humanamente a los hombres! ¡Oh necio del hombre que sufre inmoderadamente por las cosas humanas! Todo esto era yo entonces, y así me abrasaba, suspiraba, lloraba, me turbaba y no hallaba descanso ni consejo. Llevaba mi alma rota, ensangrentada, y que no soportaba ser llevada por mí, pero no hallaba dónde ponerla. Ni descansaba en los bosques amenos, ni en los juegos y cantos, ni en los lugares perfumados, ni en los banquetes espléndidos, ni en los deleites de la alcoba y de la cama, ni, finalmente, en los libros ni en los versos. Todo me causaba horror, hasta la misma luz; y cuanto no era lo que era él, me resultaba insoportable y odioso, fuera de gemir y llorar, pues sólo en esto hallaba algún descanso. Y si apartaba de esto a mi alma, luego me abrumaba la pesada carga de mi miseria.

A ti, Señor, debía ser elevada para ser curada. Lo sabía, pero ni quería ni podía (*sciebam, sed nec volebam nec velebam*). Tanto más cuanto que lo que pensaba acerca de ti no era algo sólido y firme. No eras tú, sino un fantasma vano, y mi error era mi Dios (*error meus erat Deus meus*). Y si me esforzaba por apoyar sobre él mi alma para que descansara, luego resbalaba como quien pisa en falso y caía de nuevo sobre mí, siendo yo para mí mismo una morada infeliz, en donde ni podía estar ni me era posible salir. ¿Y adónde podía huir mi corazón de mi corazón? ¿Adónde huir de mí mismo? ¿Adónde no me seguiría yo a mí mismo? Con todo, huí de mi patria, porque mis ojos le habían de buscar menos donde no solían verle [al amigo]. Y así que me fui de Tagaste a Cartago.

Esto es lo que se ama en los amigos; y de tal modo se ama, que la conciencia humana se considera rea de culpa si no ama al que le ama, o no corresponde al que le amó primero, sin buscar de él otra cosa exterior que tales signos de benevolencia. De aquí el llanto cuando muere alguno, y las tinieblas de dolores, y el afligirse el corazón, cambiada la dulzura en amargura; y la muerte de los vivos proviene de la pérdida de la vida de los que mueren. Bienaventurado el que te ama a ti, Señor; y al amigo en ti, y al enemigo por ti. Porque solo no podrá perder al amigo quien tiene a todos por amigos en aquel que no puede perderse. ¿Y quién es éste sino nuestro Dios, el Dios que ha hecho el cielo y la tierra y los llena, porque llenándoles los ha hecho? Nadie, Señor, te pierde, sino el que te deja. Mas porque te deja, ¿adónde va o adónde huye, sino de ti sereno a ti airado? Pero ¿dónde no hallará tu ley para su castigo? Porque tu ley es la verdad, y la verdad, tú.

Si te agradan los cuerpos, alaba a Dios en ellos y revierte tu amor sobre su artífice, no sea que le desagrades en las mismas cosas que te agradan. Si te agradan las almas, ámalas en Dios, porque, si bien son mudables, fijas en él, permanecerán; de otro modo desfallecerían y perecerían. Ámalas, pues, en él y arrastra contigo hacia él a cuantos puedas y diles: «A éste amemos»; él es el que ha hecho estas cosas y no está lejos de aquí. Porque no las hizo y se fue, sino que proceden de él y en él están. Mas he aquí que él está donde se gusta la verdad: en lo más íntimo del corazón; pero el corazón se ha alejado de él. Volved, transgresores, al corazón y adheríos a aquél que es vuestro Hacedor. Estad con él, y permaneceréis estables; descansad en él, y estaréis tranquilos. ¿Adónde vais por ásperos caminos, adónde vais? El bien que amáis proviene de él, pero sólo es bueno y suave en cuanto está en relación a él; pero justamente será amargo si, habiendo abandonado a Dios, injustamente se amare lo que de él procede. ¿Por qué andáis todavía por caminos difíciles y trabajosos? No está el descanso donde lo buscáis. Buscad lo que buscáis, pero sabed que no está donde lo buscáis (*quaerite quod quaeritis, sed ibi non est ubi quaeritis*). Buscáis la vida en la región de la muerte: no está allí. ¿Cómo hallar vida bienaventurada donde ni siquiera hay vida?

Nuestra Vida verdadera bajó acá y tomó nuestra muerte, y la mató con la abundancia de su vida, y dio voces como de trueno, clamando que retornemos a él en aquel lugar secreto desde donde salió para nosotros, pasando primero por el seno virginal de María, en el que se desposó con la naturaleza humana, la carne mortal, para que no sea siempre mortal. Y de allí, tal como el esposo que sale de su tálamo exultó como un gigante para correr su camino. Porque no se retardó, sino que corrió dando voces con sus palabras, con sus obras, con su muerte, con su vida, con su descendimiento y su ascensión, clamando que nos volvamos a él, pues si partió de nuestra vista fue para que entremos en nuestro corazón y allí le hallemos; porque si partió, aún está con nosotros. No quiso estar mucho tiempo con nosotros, pero no nos abandonó. Se retiró de donde nunca se apartó, porque él hizo el mundo, y estaba en el mundo, y vino al mundo a salvar a los pecadores. Y a él se confiesa mi alma y él la sana de las ofensas que le ha hecho.

Hijos de los hombres, ¿hasta cuándo seréis duros de corazón? ¿Es posible que, después de haber bajado la Vida a vosotros, no queráis subir y vivir? Mas ¿adónde subisteis cuando estuvisteis en alto y pusisteis en el cielo vuestra boca? Bajad, a fin de que podáis subir hasta Dios, ya que caísteis ascendiendo contra él. Diles estas cosas para que lloren en este valle de lágrimas, y así les arrebates contigo hacia Dios, porque, si se las dices, ardiendo en llamas de caridad, se las dices con espíritu divino.

Yo no sabía nada entonces de estas cosas; y así amaba las hermosuras inferiores, y caminaba hacia el abismo, y decía a mis amigos: «¿Amamos por ventura algo fuera de lo hermoso? ¿Y qué es lo hermoso? ¿Qué es la belleza? ¿Qué es lo que nos atrae y aficiona a las cosas que amamos? Porque ciertamente que si no hubiera en ellas alguna gracia y hermosura, de ningún modo nos atraerían hacia sí».

¿Luego amo en el hombre lo que yo no quiero ser, siendo, no obstante, hombre? Grande abismo es el hombre (*grande profundum est ipse homo*), cuyos cabellos, Señor, tú los tienes contados, sin que se pierda uno sin que tú lo sepas; y, sin embargo, más fáciles de contar son sus cabellos que sus afectos y los movimientos de su corazón.

Yo me esforzaba por llegar a ti, mas era rechazado por ti para que gustase de la muerte, porque tú resistes a los soberbios. ¿Y qué mayor soberbia que afirmar con incomprensible locura que yo era lo mismo que tú en naturaleza? Porque siendo yo mudable y reconociéndome tal —pues si quería ser sabio era por hacerme de peor mejor—, prefería, sin embargo, juzgarte mudable antes que no ser yo lo que eres tú. He aquí por qué era yo rechazado y tú resistías a mi ventosa cerviz.

Yo no sabía imaginar más que formas corporales, y, siendo carne, acusaba a la carne; y como espíritu errante, no acertaba a volver a ti; y caminando, marchaba hacia aquellas cosas que no son nada ni en ti, ni en mí, ni en el cuerpo; ni me eran sugeridas por tu verdad, sino que eran imaginadas por mi vanidad según los cuerpos; y decía a tus fieles parvulitos, mis conciudadanos, de los que yo sin saberlo andaba desterrado; yo, hablador e inepto, les decía: «¿Por qué yerra el alma, hechura de Dios?»; mas no quería se me dijese: «Y ¿por qué yerra Dios?». Y defendía más que por necesidad erraba tu sustancia inmutable, en vez de confesar que la mía, mudable, se había desviado espontáneamente y en castigo de ello andaba ahora en error.

Me gozaba con ellos, pero no sabía de dónde venía cuanto de verdadero y cierto hallaba en ellos, porque tenía las espaldas vueltas a la luz y el rostro hacia las cosas iluminadas, por lo que mi rostro que veía las cosas iluminadas, no era iluminado.

Tú sabes, Señor Dios mío, cómo sin ayuda de maestro entendí cuanto leí de retórica, dialéctica, geometría, música, y aritmética, porque también la prontitud de entender y la agudeza en el discernir son dones tuyos. Mas no le ofrecía por ellos sacrificio alguno, y así no me servían tanto de provecho como de daño, pues cuidé mucho de tener una parte tan buena de mi hacienda en mi poder, mas no así de guardar mi fortaleza para ti; al contrario, apartándome de ti, me marché a una región lejana, para disiparla entre las rameras de mis concupiscencias.

Mas ¿de qué me servía todo esto, si juzgaba que tú, Señor, Dios de la Verdad, eras un cuerpo luminoso e infinito, y yo un pedazo de ese cuerpo? ¡Oh excesiva perversidad! Pero así era yo; ni me avergüenzo ahora, Dios mío, de confesar tus misericordias para conmigo y de invocarte, ya que no me avergoncé entonces de profesar ante los hombres mis blasfemias y ladrar contra ti.

¡Oh Señor y Dios nuestro! Que esperamos al abrigo de tus alas; protégenos y llévanos. Tú llevarás, sí, tú llevarás a los pequeñuelos, y hasta que sean ancianos tú los llevarás, porque cuando eres tú nuestra firmeza, entonces es firmeza; pero cuando es nuestra, entonces es debilidad.

LIBRO QUINTO

❋

Recibe, Señor, el sacrificio de mis *Confesiones* de mano de mi lengua, que tú formaste y moviste para que confesase tu nombre, y sana todos mis huesos y digan: Señor, ¿quién semejante a ti? Nada, en verdad, te enseña de lo que pasa en él quien se confiesa a ti, porque no hay corazón cerrado que pueda sustraerse a tu mirada ni hay dureza de hombre que pueda repeler tu mano, antes la abres cuando quieres, o para compadecerte o para castigar y no hay nadie que se esconda de tu calor. Mas alábete mi alma para que te ame, y confiese tus misericordias para que te alabe. No cesan ni callan tus alabanzas las criaturas todas del universo, ni los espíritus todos con su boca vuelta hacia ti, ni los animales y cosas corporales por boca de los que las contemplan, a fin de que, apoyándose en estas cosas que tú has hecho, se levante hacia ti nuestra alma de su laxitud y pase a ti, su hacedor admirable, donde está la hartura y verdadera fortaleza.

¿Y adónde huyeron cuando huyeron de tu presencia? ¿Y dónde tú no les encontrarás? Huyeron, sí, por no verte a ti, que les estaba viendo, para, cegados, tropezar contigo, que no abandonas ninguna cosa de las que has hecho; para tropezar contigo, injustos, y así ser justamente castigados, por haberse sustraído de tu blandura, haber ofendido tu santidad y haber caído en tus rigores. Ignoran éstos, en efecto, que tú estás en todas partes, sin que ningún lugar te circunscriba, y que estás presente a todos, aun a aquellos que se alejan de ti.

Conviértanse, pues, y búsquente, porque no como ellos abandonaron a su Criador así abandonas tú a tu criatura.

Hable yo en presencia de mi Dios de aquel año veintinueve de mi edad. Ya había llegado a Cartago uno de los obispos maniqueos, por nombre Fausto, gran lazo del demonio, en el que caían muchos por el encanto seductor de su elocuencia, la cual, aunque también yo ensalzaba, sabíala, sin embargo, distinguir de la verdad de las cosas, que eran las que yo anhelaba saber. Ni me cuidaba tanto de la calidad del plato del lenguaje cuanto de las viandas de ciencia que en él me servía aquel tan renombrado Fausto.

Habíamelo presentado la fama como un hombre doctísimo en toda clase de ciencias y sumamente instruido en las artes liberales. Y como yo había leído muchas cosas de los filósofos y las conservaba en la memoria, púseme a comparar algunas de éstas con las largas fábulas del maniqueísmo, pareciéndome más probables las dichas por aquéllos, que llegaron a conocer las cosas del mundo, aunque no dieron con su Criador; porque tú eres grande, Señor, y miras las cosas humildes, y conoces de lejos las elevadas, y no te acercas sino a los contritos de corazón, ni serás hallado de los soberbios, aunque con curiosa pericia cuenten las estrellas del cielo y arenas del mar y midan las regiones del cielo e investiguen el curso de los astros.

Por donde él, descaminado en esto, habló mucho sobre estas cosas, para que, convencido de ignorante por los que las conocen bien, se viera claramente el crédito que merecía en las otras más obscuras. Porque no fue que él quiso ser estimado en poco, antes tuvo empeño en persuadir a los demás de que tenía en sí personalmente y en la plenitud de su autoridad al Espíritu Santo, consolador y enriquecedor de tus fieles. Así que, sorprendido de error al hablar del cielo y de las estrellas, y del curso del sol y de la luna, aunque tales cosas no pertenezcan a la doctrina de la religión, claramente se descubre ser sacrílego su atrevimiento al decir cosas no sólo ignoradas, sino también falsas, y esto con tan vesánica vanidad de soberbia que pretendiera se las tomasen como salidas de boca de una persona divina.

En cuanto a aquél [Manés], que se atrevió a hacerse maestro, autor, guía y cabeza de aquellos a quienes persuadía tales cosas, y en tal forma que los que le siguiesen creyeran que seguían no a un hombre cualquiera, sino a tu Espíritu Santo, ¿quién no juzgará que tan gran demencia, una vez demostrado ser todo impostura, debe ser detestada y arrojada muy lejos?

En estos nueve años escasos en que les oí con ánimo vagabundo, esperé con muy prolongado deseo la llegada de aquel anunciado Fausto. Porque los demás maniqueos con quienes yo por casualidad topaba, no sabiendo responder a las cuestiones que les proponía, me remitían a él, quien a su llegada y una sencilla entrevista resolvería facilísimamente todas aquellas mis dificultades y aun otras mayores que se me ocurrieran de modo clarísimo.

Tan pronto como llegó pude experimentar que se trataba de un hombre simpático, de grata conversación y que gorjeaba más dulcemente que los otros las mismas cosas que éstos decían. Pero ¿qué prestaba a mi sed este elegantísimo servidor de copas preciosas? Ya tenía yo los oídos hartos de tales cosas, y ni me parecían mejores por estar mejor dichas, ni más verdaderas por estar mejor expuestas, ni su alma más sabia por ser más agraciado su rostro y pulido su lenguaje. No eran, no, buenos valuadores de las cosas quienes me recomendaban a Fausto como a un hombre sabio y prudente porque les deleitaba con su facundia, al revés de otra clase de hombres que más de una vez hube de experimentar, que tenían por sospechosa la verdad y se negaban a reconocerla si les era presentada con lenguaje acicalado y florido.

Sin embargo, me molestaba que en las reuniones de los oyentes no se me permitiera presentarle mis dudas y departir con él el cuidado de las cuestiones que me preocupaban, confiriendo con él mis dificultades en forma de preguntas y respuestas. Cuando al fin lo pude, acompañado de mis amigos, comencé a hablarle en la ocasión y lugar más oportunos para tales discusiones, presentándole algunas objeciones de las que me hacían más fuerza; mas conocí al punto que era un hombre totalmente ayuno de las artes liberales, a excepción de la gramática, que conocía de un modo vulgar.

Así que cuando comprendí claramente que era un ignorante en aquellas artes en las que yo le creía muy aventajado, comencé a desesperar de que me pudiese aclarar y resolver las dificultades que me tenían preocupado. Cierto que podía ignorar tales cosas y poseer la verdad de la religión; pero esto a condición de no ser maniqueo, porque sus libros están llenos de larguísimas fábulas acerca del cielo y de las estrellas, del sol y de la luna, las cuales no juzgaba yo ya que me las pudiera explicar sutilmente como lo deseaba, cotejándolas con los cálculos de los números que había leído en otras partes, para ver si era como se contenía en los libros de Manés y si daban buena razón de las cosas o al menos era igual que la de aquéllos.

Mas él, cuando presenté a su consideración y discusión dichas cuestiones, no se atrevió, con gran modestia, a tomar sobre sí semejante carga, pues conocía ciertamente que ignoraba tales cosas y no se avergonzaba de confesar. No era él del número de aquella caterva de charlatanes que había tenido yo que sufrir, empeñados en enseñarme tales cosas, para luego no decirme nada. Éste, en cambio, tenía un corazón, si no dirigido a ti, al menos no demasiado incauto en orden a sí. No era tan ignorante que ignorase su ignorancia, por lo que no quiso meterse disputando en un callejón de donde no pudiese salir o le fuese muy difícil la retirada. Aun por esto me agradó mucho más por ser la modestia de un alma que se conoce más hermosa que las mismas cosas que deseaba conocer. Y en todas las cuestiones dificultosas y sutiles le hallé siempre igual.

Quebrantado, pues, el entusiasmo que había puesto en los libros de Manés y desconfiando mucho más de los otros doctores maniqueos, cuando éste tan renombrado se me había mostrado ignorante en muchas de las cuestiones que me inquietaban, comencé a tratar con él, para su instrucción, de las letras o artes que yo enseñaba a los jóvenes de Cartago, y en cuyo amor ardía él mismo, leyéndole, ya lo que él deseaba, ya lo que a mí me parecía más conforme con su ingenio.

Por lo demás, todo aquel empeño mío que había puesto en progresar en la secta se me acabó totalmente apenas conocí a aquel hombre, mas no hasta el punto de separarme definitivamente de ella, pues no hallando de momento cosa mejor determiné permanecer provisionalmente en ella, en la que al fin había venido a dar, hasta tanto que apareciera por fortuna algo mejor, preferible. De este modo, aquel Fausto, que había sido para muchos lazo de muerte, fue, sin saberlo ni quererlo, quien comenzó a aflojar el que a mí me tenía preso. Y es que tus manos, Dios mío, no abandonaban mi alma en el secreto de tu providencia, y que mi madre no cesaba día y noche de ofrecerte en sacrificio por mí la sangre de su corazón que corría por sus lágrimas.

Y tú, Señor, obraste conmigo por modos admirables, pues obra tuya fue aquélla, Dios mío. Porque el Señor es quien dirige los pasos del hombre y quien escoge sus caminos. Y ¿quién podrá procurarnos la salud, sino tu mano, que rehace lo que ha hecho?

También fue obra tuya para conmigo el que me persuadiesen irme a Roma y allí enseñar lo que enseñaba en Cartago. Mas no dejaré de confesarte el motivo que me movió, porque aun en estas cosas se descubre la profundidad de tu designio y merece ser meditada y ensalzada tu presentísima misericordia para, con nosotros. Porque mi determinación de ir a Roma no fue por ganar más ni alcanzar mayor gloria, como me prometían los amigos que me aconsejaban tal cosa —aunque también estas cosas pesaban en mi ánimo entonces—, sino la causa máxima y casi única era haber oído que los jóvenes de Roma eran más sosegados en las clases, merced a la rigurosa disciplina a que estaban sujetos, y según la cual no les era lícito entrar a menudo y turbulentamente en las aulas de los maestros que no eran los suyos, ni siquiera entrar en ellas sin su permiso; todo lo contrario de lo que sucedía en

Cartago, donde es tan torpe e intemperante la licencia de los escolares que entran desvergonzada y furiosamente en las aulas y trastornan el orden establecido por los maestros para provecho de los discípulos. Cometen además con increíble estupidez multitud de insolencias, que deberían ser castigadas por las leyes, de no patrocinarles la costumbre, la cual los muestra tanto más miserables cuanto cometen ya como lícito lo que no lo será nunca por tu ley eterna, y creen hacer impunemente tales cosas, cuando la ceguedad con que las hacen es su mayor castigo, padeciendo ellos incomparablemente mayores males de los que hacen. Porque los que perturbaban mi ocio con gran rabia eran ciegos, y los que me invitaban a lo otro sabían a tierra, y yo, que detestaba en Cartago una verdadera miseria, buscaba en Roma una falsa felicidad.

Pero el verdadero porqué de salir yo de aquí e irme allí sólo tú lo sabías, oh Dios, sin indicármelo a mí ni a mi madre, que lloró atrozmente mi partida y me siguió hasta el mar. Mas hube de engañarla, porque me retenía por fuerza, obligándome o a desistir de mi propósito o a llevarla conmigo, por lo que fingí tener que despedir a un amigo al que no quería abandonar hasta que, soplando el viento, se hiciese a la vela. Así engañé a mi madre, y a tal madre, y me escapé. Mas aquella misma noche partí a hurtadillas sin ella, dejándola orando y llorando. ¿Y qué era lo que te pedía, Dios mío, con tantas lágrimas, sino que no me dejases navegar? Pero tú, mirando las cosas desde un punto más alto y escuchando en el fondo su deseo, no cuidaste de lo que entonces te pedía para hacerme tal como siempre te pedía.

Todavía me parecía a mí que no éramos nosotros los que pecábamos, sino que era no sé qué naturaleza extraña la que

73

pecaba en nosotros, por lo que se deleitaba mi soberbia en considerarme exento de culpa y no tener que confesar, cuando había obrado mal, mi pecado para que tú sanases mi alma, porque contra ti era contra quien yo pecaba. Antes gustaba de excusarme y acusar a no sé qué ser extraño que estaba conmigo, pero que no era yo. Mas, a la verdad, yo era todo aquello, y mi impiedad me había dividido contra mí mismo. Y lo más incurable de mi pecado era que no me tenía por pecador. (...) Ésta era la razón por que alternaba con los electos de los maniqueos. Mas, desesperando ya de poder hacer algún progreso en aquella falsa doctrina, y aun las mismas cosas que había determinado conservar hasta no hallar algo mejor, profesábalas ya con tibieza y negligencia.

Por este tiempo se me vino también a la mente la idea de que los filósofos que llaman académicos habían sido los más prudentes, por tener como principio que se debe dudar de todas las cosas y que ninguna verdad puede ser comprendida por el hombre. Así me pareció entonces que habían claramente sentido, según se cree vulgarmente, por no haber todavía entendido su intención.

En cuanto a mi huésped, no me recaté de llamarle la atención sobre la excesiva credulidad que vi tenía en aquellas cosas fabulosas de que estaban llenos los libros maniqueos. Con todo, usaba más familiarmente de la amistad de los que eran de la secta que de los otros hombres que no pertenecían a ella. No defendía ya ésta, es verdad, con el entusiasmo primitivo; mas su familiaridad —en Roma había muchos de ellos ocultos— me hacía extraordinariamente perezoso para buscar otra cosa, sobre todo desesperando de hallar la verdad en tu Iglesia, ¡oh Señor de cielos y tierra y creador de todas las cosas visibles e invisibles!, de la cual aquéllos me apartaban, por parecerme cosa muy torpe creer que tenías figura de carne humana y que estabas limitado por los contornos corporales de nuestros miembros. Y porque cuando yo quería pensar en mi Dios no sabía imaginar sino masas corpóreas, pues no me parecía que pudiera existir lo que no fuese tal, de ahí la causa principal y casi única de mi inevitable error.

De aquí nacía también mi creencia de que la sustancia del mal era propiamente tal [corpórea] y de que era una mole negra y deforme; ya crasa, a la que llamaban tierra; ya tenue y sutil, como el cuerpo del aire, la cual imaginaban como una mente maligna que reptaba sobre la tierra. Y como la piedad, por poca que fuese, me obligaba a creer que un Dios bueno no podía crear naturaleza alguna mala, imaginábalas como dos moles entre sí contrarias, ambas infinitas, aunque menor la mala y mayor la buena; y de este principio pestilencial se me seguían los otros sacrilegios. Porque intentando mi alma recurrir a la fe católica, era rechazado, porque no era fe católica aquella que yo imaginaba. Y parecíame ser más piadoso, ¡oh Dios!, a quien alaban en mí tus misericordias, en creerte infinito por todas partes, a excepción de aquella por que se te oponía la masa del mal, que no juzgarte limitado por todas partes por las formas del cuerpo humano.

También me parecía ser mejor creer que no habías creado ningún mal —el cual aparecía a mi ignorancia no sólo como sustancia, sino como una sustancia corpórea, por no poder imaginar al espíritu sino como un cuerpo sutil que se difunde por los espacios— que creer que la naturaleza del mal, tal como yo la imaginaba, procedía de ti.

Al mismo tiempo, Salvador nuestro, tu Unigénito, de tal modo le juzgaba salido de aquella masa lucidísima de tu mole para salud nuestra, que no creía de Él sino lo que mi vanidad me sugería. Y así juzgaba que una tal naturaleza como la suya no podía nacer de la Virgen María sin mezclarse con la carne, ni veía cómo podía mezclarse sin mancharse lo que yo imaginaba tal, y así temía creerle nacido en la carne, por no verme obligado a creerle manchado con la carne.

Sin duda que tus espirituales se reirán ahora blanda y amorosamente al leer éstas mis *Confesiones*; pero, realmente, así era yo.

Así que cuando la ciudad de Milán escribió al prefecto de Roma para que la proveyera de maestro de retórica, con facultad de usar la posta pública, yo mismo solicité presuroso, por medio de aquellos embriagados con las vanidades maniqueas que —de los que iba con ello a separarme, sin saberlo ellos ni yo—, que, mediante la presentación de un discurso de prueba, me enviase a mí el prefecto a la sazón, Símaco.

Llegué a Milán y visité al obispo Ambrosio, famoso entre los mejores de la tierra, piadoso siervo tuyo, cuyos discursos suministraban celosamente a tu pueblo «la flor de tu trigo», «la alegría del óleo» y «la sobria embriaguez de tu vino». A él era yo conducido por ti sin saberlo, para ser por él conducido a ti sabiéndolo.

Aquel hombre de Dios me recibió paternalmente y se interesó mucho por mi viaje como obispo. Yo comencé a amarle; al principio, no ciertamente como a doctor de la verdad, la que desesperaba de hallar en tu Iglesia, sino como a un hombre afable conmigo. Oíale con todo cuidado cuando predicaba al pueblo, no con la intención que debía, sino como queriendo explorar su facundia y ver si correspondía a su fama o si era mayor o menor que la que se pregonaba, quedándome colgado de sus palabras, pero sin cuidar de lo que decía, que más bien despreciaba. Deleitábame con la suavidad de sus sermones, los cuales, aunque más eruditos que los de Fausto, eran, sin embargo, menos festivos y dulces que los de éste en cuanto al modo de decir; porque, en cuanto al fondo de los mismos, no había comparación, pues mientras Fausto erraba por entre las fábulas maniqueas, éste enseñaba saludablemente la salud eterna. Porque lejos de los pecadores anda la salud, y yo lo era entonces. Sin embargo, a ella me acercaba insensiblemente y sin saberlo.

Y aun cuando no me cuidaba de aprender lo que decía, sino únicamente de oír cómo lo decía –era este vano cuidado lo único que había quedado en mí, desesperado ya de que hubiese para el hombre algún camino que le condujera a ti–, veníanse a mi mente, juntamente con las palabras que me agradaban, las cosas que despreciaba, por no poder separar unas de otras, y así, al abrir mi corazón para recibir lo que decía elocuentemente, entraba en él al mismo tiempo lo que decía de verdadero; mas esto por grados.

Porque primeramente empezaron a parecerme defendibles aquellas cosas y que la fe católica –en pro de la cual creía yo que no podía decirse nada ante los ataques de los maniqueos– podía afirmarse y sin temeridad alguna, máxime habiendo sido explicados y resueltos una, dos y más veces los enigmas de las Escrituras del Viejo Testamento, que, interpretados por mí a la letra, me daban muerte. Así, pues, declarados en sentido espiritual muchos de los lugares de aquellos libros, comencé a reprender aquella mi desesperación, que me había hecho creer que no se podía resistir a los que detestaban y se reían de la ley y los profetas.

Mas no por eso me parecía que debía seguir el partido de los católicos, porque también el catolicismo podía tener sus defensores doctos, quienes elocuentemente, y no de modo absurdo, refutasen las objeciones, ni tampoco por esto me parecía que debía condenar lo que antes tenía porque las defensas fuesen iguales. Y así, si por una parte la católica no me parecía vencida, tampoco me parecía vencedora.

Entonces dirigí todas las fuerzas de mi espíritu para ver si podía de algún modo, con algunos argumentos ciertos, convencer de falsedad a los maniqueos. La verdad es que si yo entonces hubiera podido concebir una sustancia espiritual, al punto se hubieran deshecho aquellos artilugios y los hubiera arrojado de mi alma; pero no podía.

Sin embargo, considerando y comparando más y más lo que los filósofos habían sentido acerca del ser físico de este mundo y de toda la Naturaleza, que es objeto del sentido de la carne, juzgaba que eran mucho más probables las doctrinas de éstos que no las de aquéllos [maniqueos] . Así que, dudando de todas las cosas y fluctuando entre todas, según costumbre de los académicos, como se cree, determiné abandonar a los maniqueos, juzgando que durante el tiempo de mi duda no debía permanecer en aquella secta, a la que anteponía ya algunos filósofos, a quienes, sin embargo, no quería encomendar de ningún modo la curación de las lacerías de mi alma por no hallarse en ellos el nombre saludable de Cristo.

Así, determiné permanecer catecúmeno en la Iglesia católica, que me había sido recomendada por mis padres, hasta tanto que brillase algo cierto a donde dirigir mis pasos.

LIBRO SEXTO

❄

¡Esperanza mía desde la juventud! ¿Dónde estabas para mí o a qué lugar te habías retirado? ¿Acaso no eras tú quien me había creado y diferenciado de los cuadrúpedos y hecho más sabio que las aves del cielo? Mas yo caminaba por tinieblas y resbaladeros y te buscaba fuera de mí, y no te hallaba, ¡oh Dios de mi corazón!, y había venido a dar en lo profundo del mar, y desconfiaba y desesperaba de hallar la verdad.

Ya había venido a mi lado la madre, fuerte por su piedad, siguiéndome por mar y tierra, segura de ti en todos los peligros tanto, que hasta en las tormentas que padecieron en el mar era ella quien animaba a los marineros —siendo así que suelen ser éstos quienes animan a los navegantes desconocedores del mar cuando se turban—, prometiéndoles que llegarían con felicidad al término de su viaje, porque así se lo habías prometido tú en una visión.

Me hallo en grave peligro por mi desesperación de encontrar la verdad. Sin embargo, cuando le indiqué que ya no era maniqueo, aunque tampoco cristiano católico, no saltó de alegría como quien oye algo inesperado, por estar ya segura de aquella parte de mi miseria, en la que me lloraba delante de ti como a un muerto que había de ser resucitado, y me presentaba continuamente en las andas de su pensamiento para

79

que tú dijeses al hijo de la viuda: Joven, a ti te digo: levántate, y reviviese y comenzase a hablar y tú lo entregases a su madre.

Ni se turbó su corazón con inmoderada alegría al oír cuánto se había cumplido ya de lo que con tantas lágrimas te suplicaba todos los días le concedieras, viéndome, si no en posesión de la verdad, sí alejado de la falsedad. Antes bien, porque estaba cierta de que le habías de dar lo que restaba —pues le habías prometido concedérselo todo—, me respondió con mucho sosiego y con el corazón lleno de confianza, que ella creía en Cristo, que antes de salir de esta vida me había de ver católico fiel.

Cuando me encontraba con él [Ambrosio] solía muchas veces prorrumpir en alabanzas de ella, felicitándome por tener tal madre, ignorando él qué hijo tenía ella en mí, que dudaba de todas aquellas cosas y creía era imposible hallar la verdadera senda de la vida.

Oíale, es verdad, predicar al pueblo rectamente la palabra de la verdad todos los domingos, confirmándome más y más en que podían ser sueltos los nudos todos de las maliciosas calumnias que aquellos engañadores nuestros levantaban contra los libros sagrados.

Así que, cuando averigüé que los hijos espirituales, a quienes has regenerado en el seno de la madre Católica con tu gracia, no entendían aquellas palabras: «Hiciste al hombre a tu imagen, de tal suerte que creyesen o pensasen que estabas dotado de forma de cuerpo humano» —aunque no acertara yo entonces a imaginar, pero ni aun siquiera a sospechar de lejos, el ser de una sustancia espiritual—, me alegré de ello, avergonzándome de haber ladrado tantos años no contra la fe católica, sino contra los engendros de mi inteligencia carnal, siendo impío y temerario por haber dicho reprendiendo lo que debía haber aprendido preguntando. Porque ciertamente tú —¡oh altísimo y próximo, secretísimo y presentísimo, en quien no hay miembros mayores ni menores, sino que estás todo en todas partes, sin que te reduzcas a ningún lugar!— no tienes ciertamente tal figura corporal, no obstante que hayas hecho al hombre a tu imagen y desde la cabeza a los pies ocupe éste un lugar.

Es verdad que podía sanar creyendo; y de este modo, purificada más la vista de mi mente, poder dirigirme de algún modo hacia tu verdad, eternamente estable y bajo ningún aspecto defectible. Mas como suele acontecer al que cayó en manos de un mal médico, que después recela de entregarse en manos del bueno, así me sucedía a mí en lo tocante a la salud de mi alma; porque no pudiendo sanar sino creyendo, por temor de dar en una falsedad, rehusaba ser curado, resistiéndome a tu tratamiento, tú que has confeccionado la medicina de la fe y has esparcido sobre las enfermedades del orbe, dándole tanta autoridad y eficacia.

Después, con mano blandísima y misericordiosísima, comenzaste, Señor, a tratar y componer poco a poco mi corazón y me persuadiste —al considerar cuántas cosas creía que no había visto ni a cuya formación había asistido, como son muchas de las que cuentan los libros de los gentiles; cuántas relativas a los lugares y ciudades que no había visto; cuántas referentes a los amigos, a los médicos y a otras clases de hombres que, si no las creyéramos, no podríamos dar un paso en la vida, y, sobre todo, cuán inocentemente creía ser hijo de tales padres, cosa que no podría saber sin dar fe a lo que me habían dicho.

Sentía vivísimos deseos de honores, riquezas y matrimonio, y tú te reías de mí. Y en estos deseos padecía amarguísimos trabajos, siéndome tú tanto más propicio cuanto menos consentías que hallase dulzura en lo que no eras tú. Ve, Señor, mi corazón, tú que quisiste que te recordase y confesase esto. Adhiérase ahora a ti mi alma, a quien libraste de liga tan tenaz de muerte. ¡Qué desgraciada era! Y tú la punzabas, Señor, en lo más dolorido de la herida, para que, dejadas todas las cosas, se convirtiese a ti, que estás sobre todas ellas y sin quien no existiría absolutamente ninguna; se convirtiese a ti, digo, y fuese curada.

¡Qué miserable era yo entonces y cómo obraste conmigo para que sintiese mi miseria en aquel día en que —como me preparase a recitar las alabanzas del emperador, en las que había de mentir mucho, y mintiendo había de ser favorecido de quienes lo sabían— respiraba anheloso mi corazón con tales preocupaciones y se consumía con fiebres de pensamientos insanos, cuando al pasar por una de las calles de Milán advertí a un mendigo que ya harto, a lo que creo, se chanceaba y divertía! Yo gemí entonces y hablé con los amigos que me acompañaban sobre los muchos dolores que nos acarreaban nuestras locuras, porque con todos nuestro empeños, cuales eran los que entonces me afligían, no hacía más que arrastrar la carga de mi infelicidad, aguijoneado por mis apetitos, aumentarla al arrastrarla, para al fin no conseguir otra cosa que una tranquila alegría, en la que ya nos había adelantado aquel mendigo y a la que tal vez no llegaríamos nosotros. Porque lo que éste había conseguido con unas cuantas monedillas de limosna era exactamente a lo que aspiraba yo por tan trabajosos caminos y rodeos; es a saber: la alegría de una felicidad temporal.

Cierto que la de aquél no era alegría verdadera; pero la que yo buscaba con mis ambiciones era aún mucho más falsa. Y, desde luego, él estaba alegre y yo angustiado, él seguro y yo temblando.

Muchas cosas dije entonces a este propósito a mis amigos y muchas veces volvía sobre ellas para ver cómo me iba, y hallaba que me iba mal, y sentía dolor, y yo mismo me aumentaba el mal, hasta el punto que, si me acaecía algo próspero, tenía pesar de tomarlo, porque casi antes de tomarlo se me iba de las manos.

También Nebridio, igualmente que nosotros, suspiraba e igualmente fluctuaba, mostrándose investigador ardiente de la vida feliz y escrutador acérrimo de cuestiones dificilísimas.

Eran tres bocas hambrientas que mutuamente se comunicaban el hambre y esperaban de ti que les dieses comida en el tiempo oportuno. Y en toda amargura que por tu misericordia se seguía a todas nuestras acciones mundanas, queriendo nosotros averiguar la causa por que padecíamos tales cosas, nos salían al paso las tinieblas, apartándonos, gimiendo y clamando: ¿Hasta cuándo estas cosas? Y esto lo decíamos muy a menudo, pero diciéndolo no dejábamos aquellas cosas, porque no veíamos nada cierto con que, abandonadas éstas, pudiéramos abrazarnos.

Pero, sobre todo, maravillábame de mí mismo, recordando con todo cuidado cuán largo espacio de tiempo había pasado desde mis diecinueve años, en que empecé a arder en deseos de la sabiduría, proponiendo, hallada ésta, abandonar todas las vanas esperanzas y engañosas locuras de las pasiones.

Ya tenía treinta años y todavía me hallaba en el mismo lodazal, ávido de gozar de los bienes presentes, que huían y me disipaban, en tanto que decía: «Mañana lo averiguaré; la verdad aparecerá clara y la abrazaré. Fausto está por venir y lo explicará todo. ¡Oh grandes varones de la Academia!; ¿es cierto que no podemos comprender ninguna cosa con certeza para la dirección le la vida?».

Mientras yo decía esto, y alternaban estos vientos, y zarandeaban de aquí para allí mi corazón, se pasaba el tiempo, y tardaba en convertirme al Señor, y difería de día en día vivir en ti, aunque no difería morir todos los días en mí. Amando la vida feliz temíala donde se hallaba y buscábala huyendo de ella. Pensaba que había de ser muy desgraciado si me veía privado de las caricias de la mujer y no pensaba en la medicina de tu misericordia, que sana esta enfermedad, porque no había experimentado aun y creía que la continencia se conseguía con las propias fuerzas, las cuales echaba de menos en mí, siendo tan necio que no sabía lo que está escrito de que nadie es continente si tú no se lo dieres. Lo cual ciertamente tú me lo dieras si llamase a tus oídos con gemidos interiores y con toda confianza «arrojase en ti mi cuidado».

Instábaseme solícitamente a que tomase esposa. Ya había hecho la petición, ya se me había concedido la demanda, sobre todo siendo mi madre la que principalmente se movía en esto, esperando que una vez casado sería regenerado por las aguas saludables del bautismo, alegrándose de verme cada día más apto para éste y que se cumplían con mi fe sus votos y tus promesas.

Con todo, insistíase en el matrimonio y habíase pedido ya la mano de una niña que aún le faltaban dos años para ser núbil; pero como era del gusto, había que esperar.

También muchos amigos, hablando y detestando las turbulentas molestias de la vida humana, habíamos pensado, y casi ya resuelto, apartarnos de las gentes y vivir en un ocio tranquilo. Este ocio lo habíamos trazado de tal suerte que todo lo que tuviésemos o pudiésemos tener lo pondríamos en común y formaríamos con ello una hacienda familiar, de tal modo que en virtud de la amistad no hubiera cosa de éste ni de aquél, sino que de lo de todos se haría una cosa, y el conjunto sería de cada uno y todas las cosas de todos.

Seríamos como unos diez hombres los que habíamos de formar tal sociedad, algunos de ellos muy ricos, como Romaniano, nuestro conmunícipe, a quien algunos cuidados graves de sus negocios le habían traído al Condado, muy amigo mío desde niño, y uno de los que más instaban en este asunto, teniendo su parecer mucha autoridad por ser su capital mucho mayor que el de los demás. Y habíamos convenido en que todos los años, se nombrarían dos que, como magistrados, nos procurasen todo lo necesario, estando los demás quietos. Pero cuando se empezó a discutir si vendrían en ello o no las mujeres que algunos tenían ya y otros las queríamos tener, todo aquel proyecto tan bien formado se desvaneció entre las manos, se hizo pedazos y fue desechado.

De aquí vuelta otra vez a nuestros suspiros y gemidos y a caminar por las anchas y trilladas sendas del siglo, porque había en nuestro corazón muchos pensamientos, mas tu consejo permanece eternamente. Y por este consejo te reías tú de los nuestros y preparabas el cumplimiento de los tuyos, a fin de darnos el alimento que necesitábamos en el tiempo oportuno y, abriendo la mano, llenarnos de bendición.

Entre tanto multiplicábanse mis pecados, y, arrancada de mi lado, como un impedimento para el matrimonio, aquella con quien yo solía partir mi lecho, mi corazón, sajado por aquella parte que le estaba pegado, me había quedado llagado y manaba sangre. Ella, en cambio, vuelta al África, te hizo voto, Señor, de no conocer otro varón, dejando en mi compañía al hijo natural que yo había tenido con ella.

Mas yo, desgraciado, incapaz de imitar a esta mujer, y no pudiendo sufrir la dilación de dos años que habían de pasar hasta recibir por esposa a la que había pedido —porque no era yo amante del matrimonio, sino esclavo de la sensualidad—, me procuré otra mujer, no ciertamente en calidad de esposa, sino para sustentar y conducir íntegra o aumentada la enfermedad de mi alma bajo la guarda de mi ininterrumpida costumbre al estado del matrimonio.

Pero no por eso sanaba aquella herida mía que se había hecho al arrancarme de la primera mujer, sino que después de un ardor y dolor agudísimos comenzaba a corromperse, doliendo tanto más desesperadamente cuanto más se iba enfriando.

¡Oh caminos tortuosos! ¡Mal haya al alma audaz que esperó, apartándose de ti, hallar algo mejor! Vueltas y más vueltas, de espaldas, de lado y boca abajo, todo lo halla duro, porque sólo tú eres su descanso. Mas luego te haces presente, y nos libras de nuestros miserables errores, y nos pones en tu camino, y nos consuelas, y dices: «Corred, yo os llevaré y os conduciré, y todavía allí yo os llevaré».

LIBRO SÉPTIMO

❄

Ya era muerta mi adolescencia mala y nefanda y entraba en la juventud, siendo cuanto mayor en edad tanto más torpe en vanidad, hasta el punto de no poder concebir una sustancia que no fuera tal cual la que se puede percibir por los ojos.

Cierto que no te concebía, Dios mío, en figura de cuerpo humano desde que comencé a entender algo de la sabiduría; de esto huí siempre y me alegraba de hallarlo así en la fe de nuestra Madre espiritual, tu Católica; pero no se me ocurría pensar otra cosa de ti. Y aunque hombre ¡y tal hombre!, esforzábame por concebirte como el sumo, y el único, y verdadero Dios; y con toda mi alma te creía incorruptible, inviolable inconmutable, porque sin saber de dónde ni cómo, veía claramente y tenía por cierto que lo corruptible es peor que lo que no lo es, y que lo que puede ser violado ha de ser pospuesto sin vacilación a lo que no puede serlo, y que lo que no sufre mutación alguna es mejor que lo que puede sufrirla.

Clamaba violentamente mi corazón contra todas estas imaginaciones mías y me esforzaba por ahuyentar como con un golpe de mano aquel enjambre de inmundicia que revoloteaba en torno a mi mente, y que apenas disperso, en un abrir y cerrar de ojos, volvía a formarse de nuevo para caer en tropel sobre mi vista a nublarla, a fin de que si no imaginaba que aquel Ser incorruptible, inviolable e inconmutable, que yo prefería a todo lo corruptible, violable y mudable, tuviera forma de cuerpo humano, me viera precisado al menos a concebirle como algo corpóreo que se extiende por los espacios sea infuso en el mundo, sea difuso fuera del mundo y por el infinito. Porque a cuanto privaba yo de tales espacios parecíame que era nada, absolutamente nada, ni aun siquiera el vacío, como cuando se quita un cuerpo de un lugar, que permanece el lugar vacío de todo cuerpo, sea terrestre, húmedo, aéreo o celeste, pero al fin un lugar vacío, como una nada extendida.

Así, pues, «encrasado mi corazón», y ni aun siquiera a mí mismo transparente, creía que cuanto no se extendiese por determinados espacios, o no se difundiese, o no se juntase, o no se hinchase, o no tuviese o no pudiese tener algo de esto, era absolutamente nada. Porque cuales eran las formas por las que solían andar mis ojos, tales eran las imágenes por las que marchaba mi espíritu. Ni veía que la misma facultad con que formaba yo tales imágenes no era algo semejante, no obstante que no pudiera formarlas si no fuera alguna cosa grande.

Y así, aun a ti, vida de mi vida, te imaginaba como un Ser grande extendido por los espacios infinitos que penetraba por todas partes toda la mole del mundo, y fuera de ellas, en todas las direcciones, la inmensidad sin término; de modo que te poseyera la tierra, te poseyera el cielo y te poseyeran todas las cosas y todas terminaran en ti, sin terminar tú en ninguna parte. Sino que, así como el cuerpo del aire —de este aire que está sobre la tierra— no impide que pase por él la luz del sol, penetrándolo, no rompiéndolo ni rasgándolo, sino llenándolo totalmente, así creía yo que no solamente el cuerpo del cielo y del aire, y del mar, sino también el de la tierra, te dejaban paso y te eran penetrables en todas partes, grandes y pequeñas, para recibir tu presencia, que con secreta inspiración gobierna interior y exteriormente todas las cosas que has creado. De este modo discurría yo por no poder pensar otra cosa; mas ello era falso. Porque si fuera de ese modo, la parte mayor de la tierra tendría mayor parte de ti, y menor la menor. Y de tal modo estarían todas las cosas llenas de ti, que el cuerpo del elefante ocuparía tanto más de tu Ser que el cuerpo del pajarillo, cuanto aquél es más grande que éste y ocupa un lugar mayor; y así, dividido en partículas, estarías presente, a las partes grandes del mundo, en partes grandes, y pequeñas en las pequeñas, lo cual no es así. Pero entonces aún no habías iluminado mis tinieblas.

Me bastaba, Señor, contra aquellos engañados engañadores y mudos charlatanes —porque no sonaba en su boca tu palabra—, bastábame, ciertamente, el argumento que desde antiguo, estando aún en Cartago, solía proponer Nebridio, y que todos los que le oímos entonces quedamos impresionados.

«¿Qué podía hacer contra ti —decía— aquella no sé qué raza de tinieblas que los maniqueos suelen oponer como una masa contraria a ti, si tú, no hubieras querido pelear contra ella?»

Pero tampoco yo, aun cuando afirmaba y creía firmemente que tú, nuestro Señor y Dios verdadero, creador de nuestras almas y de nuestros cuerpos, y no sólo de nuestras almas y de nuestros cuerpos, sino también de todos los seres y cosas, eras incontaminable, inalterable y bajo ningún concepto mudable, tenía por averiguada y explicada la causa del mal. Sin embargo, cualquiera que ella fuese, veía que debía buscarse de modo que no me viera obligado por su causa a creer mudable a Dios inmutable, no fuera que llegara a ser yo mismo lo que buscaba.

Así, pues, buscaba aquélla, mas estando seguro y cierto de que no era verdad lo que decían aquéllos [los maniqueos], de quienes huía con toda el alma, porque los veía buscando el origen del mal repletos de malicia, a causa de la cual creían antes a tu sustancia capaz de padecer el mal, que no a la suya capaz de obrarle.

Ponía atención en comprender lo que había oído de que el libre albedrío de la voluntad es la causa del mal que hacemos, y tu recto juicio, del que padecemos; pero no podía verlo con claridad. Y así, esforzándome por apartar de este abismo la mirada de mi mente, me hundía de nuevo en él, e intentando salir de él repetidas veces, otras tantas me volvía a hundir.

Porque levantábame hacia tu luz el ver tan claro que tenía voluntad como que vivía; y así, cuando quería o no quería alguna cosa, estaba certísimo de que era yo y no otro el que quería o no quería; y ya casi, casi me convencía de que allí estaba la causa del pecado; y en cuanto a lo que hacía contra voluntad, veía que más era padecer que obrar, y juzgaba que ello no era culpa, sino pena, por la cual confesaba ser justamente castigado por ti, a quien tenía por justo.

Pero de nuevo decía: «¿Quién me ha hecho a mí? ¿Acaso no ha sido Dios, que es no sólo bueno, sino la misma bondad? ¿De dónde, pues, me ha venido el querer el mal y no querer el bien? ¿Es acaso para que yo sufra las penas merecidas? ¿Quién depositó esto en mí y sembró en mi alma esta semilla de amargura, siendo hechura exclusiva de mi dulcísimo Dios? Si el diablo es el autor, ¿de dónde procede el diablo? Y si éste de ángel bueno se ha hecho diablo por su voluntad, ¿de dónde le viene a él la mala voluntad por la que es demonio, siendo todo él hechura de un creador bonísimo?»

Con estos pensamientos me volvía a deprimir y ahogar, si bien no era ya conducido hasta aquel infierno del error donde nadie te confiesa, al juzgar más fácil que padezcas tú el mal, que no sea el hombre el que lo ejecuta.

Así pues, empeñábame por hallar las demás cosas, como ya había hallado que lo incorruptible es mejor que lo corruptible, y por eso confesaba que tú, fueses lo que fueses, debías ser incorruptible. Porque nadie ha podido ni podrá jamás concebir cosa mejor que tú, que eres el bien sumo y excelentísimo. Ahora bien: siendo certísimo y verdaderísimo que lo incorruptible debe ser antepuesto a lo corruptible, como yo entonces lo anteponía, podía ya con el pensamiento concebir algo mejor que mi Dios, si tú no fueras incorruptible.

«¿De dónde, pues, procede éste, puesto que Dios, bueno, hizo todas las cosas buenas: el Mayor y Sumo bien, los bienes menores; pero Criador y criaturas, todos buenos? ¿De dónde viene el mal? ¿Acaso la materia de donde las sacó era mala y la formó y ordenó, sí, mas dejando en ella algo que no convirtiese en bien? ¿Y por qué esto? ¿Acaso siendo omnipotente era, sin embargo, impotente para convertirla y mudarla toda, de modo que no quedase en ella nada de mal? Finalmente, ¿por qué quiso servirse de esta materia para hacer algo y no más bien usar de su omnipotencia para destruirla totalmente? ¿O podía ella existir contra su voluntad?

Y si era eterna, ¿por qué la dejó por tanto tiempo estar por
tan infinitos espacios de tiempo para atrás y le agradó tanto
después de servirse de ella para hacer alguna cosa? O ya que
repentinamente quiso hacer algo, ¿no hubiera sido mejor,
siendo omnipotente, hacer que no existiera aquélla, quedando él solo, bien total, verdadero, sumo e infinito? Y si no
era justo que, siendo él bueno, no fabricase ni produjese
algún bien, ¿por qué, quitada de delante y aniquilada aquella materia que era mala, no creó otra buena de donde saca-
se todas las cosas? Porque no sería omnipotente si no pudiera crear algún bien sin ayuda de aquella materia que él no
había creado».

Tales cosas revolvía yo en mi pecho, apesadumbrado con
los devoradores cuidados de la muerte y de no haber hallado la verdad. Sin embargo, de modo estable se afincaba en
mi corazón, en orden a la Iglesia católica, la fe de tu Cristo,
Señor y Salvador nuestro; informe ciertamente en muchos
puntos y como fluctuando fuera de la norma de doctrina;
mas con todo, no la abandonaba ya mi alma, antes cada día
se empapaba más y más en ella.

Asimismo había rechazado ya las engañosas predicciones
e impíos delirios de los matemáticos.

¡Confiésete, por ello, Dios mío, tus misericordias desde
lo más íntimo de mis entrañas! (...) sólo tu procuraste reme-
dio a aquella terquedad mía con que me oponía a Vindiciano, anciano sagaz, y a Nebridio, joven de un alma admirable, los cuales afirmaban —el uno con firmeza, el otro con
alguna duda, pero frecuentemente— que no existía tal arte
de predecir las cosas futuras y que las conjeturas de los hombres tienen muchas veces la fuerza de la suerte, y que dicien-

do muchas cosas acertaban a decir algunas que habían de suceder sin saberlo los mismos que las decían, acertando a fuerza de hablar mucho.

Ya me habías sacado, Ayudador mío, de aquellas ligaduras; y aunque buscaba el origen del mal y no hallaba su solución, mas no permitías ya que las olas de mi razonamiento me apartasen de aquella fe por la cual creía que existes, que tu sustancia es inconmutable, que tienes providencia de los hombres, que has de juzgarles a todos y que has puesto el camino de la salud humana en orden a aquella vida que ha de sobrevenir después de la muerte, en Cristo, tu hijo y Señor nuestro, y en las Santas Escrituras, que recomiendan la autoridad de tu Iglesia católica.

Puestas, pues, a salvo estas verdades y fortificadas de modo inconcluso en mi alma, buscaba lleno de ardor de dónde venía el mal. Y ¡qué tormentos de parto eran aquellos de mi corazón!, ¡qué gemidos, Dios mío! Allí estaban tus oídos y yo no lo sabía. Y como en silencio te buscara yo fuertemente, grandes eran las voces que elevaban hacia tu misericordia las tácitas contriciones de mi alma.

Tú sabes lo que yo padecía, no ninguno de los hombres. Porque ¿cuánto era lo que mi lengua comunicaba a los oídos de mis más íntimos familiares? ¿Acaso percibían ellos todo el tumulto de mi alma, para declarar el cual no bastaban ni el tiempo ni la palabra? Sin embargo, hacia tus oídos se encaminaban todos los rugidos de los gemidos de mi corazón y ante ti estaba mi deseo; pero no estaba contigo la lumbre de mis ojos, porque ella estaba dentro y yo fuera; ella no ocupaba lugar alguno y yo fijaba mi atención en las cosas que ocupan lugar, por lo que no hallaba en ellas lugar de descanso ni me acogían de modo que pudiera decir: «¡Basta! ¡Está bien!»; ni me dejaban volver adonde me hallase suficientemente bien. Porque yo era superior a estas cosas, aunque inferior a ti; y tú eras gozo verdadero para mí sometido a ti, así como tú sujetaste a mí las cosas que criaste inferiores a mí. Y éste era el justo temperamento y la región media de mi salud: que permaneciese a imagen tuya y, sirviéndote a ti, dominase mi cuerpo. Mas habiéndome yo levantado soberbiamente contra ti y corrido contra el Señor con la cerviz crasa de mi escudo, estas cosas débiles se pusieron también sobre mí y me oprimían y no me dejaban un momento de descanso ni de respiración.

Pero tú, Señor, permaneces eternamente y no te aíras eternamente contra nosotros, porque te compadeciste de la tierra y ceniza y fue de tu agrado reformar nuestras deformidades. Tú me aguijoneabas con estímulos interiores para que estuviese impaciente hasta que tú me fueses cierto por la mirada interior. Y bajaba mi hinchazón gracias a la mano secreta de tu medicina; y la vista de mi mente, turbada y obscurecida, iba sanando de día en día con el fuerte colirio de saludables dolores.

Y primeramente, queriendo tú mostrarme cuánto resistes a los soberbios y das tu gracia a los humildes y con cuánta misericordia tuya ha sido mostrada a los hombres la senda de la humildad, por haberse hecho carne tu Verbo y haber habitado entre los hombres, me procuraste, por medio de un hombre hinchado con monstruosísima soberbia, ciertos libros de los platónicos, traducidos del griego al latín.

Y en ellos leí —no ciertamente con estas palabras, pero sí sustancialmente lo mismo, apoyado con muchas y diversas razones— que en el principio era el Verbo, y el Verbo estaba en Dios. Y Dios era el Verbo, Éste estaba desde el principio en Dios. Todas las cosas fueron hechas por él, y sin él no se ha hecho nada. Lo que se ha hecho es vida en él; y la vida era luz de los hombres, y la luz luce en las tinieblas, mas las tinieblas no la comprendieron. Y que el alma del hombre, aunque da testimonio de la luz, no es la luz, sino el Verbo, Dios; Ésa es la luz verdadera que ilumina a todo hombre que viene a este mundo. Y que en este mundo estaba, y que el mundo es hechura suya, y que el mundo no le reconoció.

Mas Él vino a casa propia y los suyos no le recibieron, y que a cuantos le recibieron les dio potestad de hacerse hijos de Dios creyendo en su nombre, no lo leí allí.

También leí allí que el Verbo, Dios, no nació de carne ni de sangre, ni por voluntad de varón, ni por voluntad de carne, sino de Dios. Pero que el Verbo se hizo carne y habitó entre nosotros, no lo leí allí.

Igualmente hallé en aquellos libros, dicho de diversas y múltiples maneras, que el Hijo tiene la forma del Padre y que no fue rapiña juzgarse igual a Dios por tener la misma naturaleza que él. Pero que se anonadó a sí mismo, tomando la forma de siervo, hecho semejante a los hombres y reconocido por tal por su modo de ser; y que se humilló, haciéndose obediente hasta la muerte, y muerte de cruz, por lo que Dios le exaltó de entre muertos y le dio un nombre sobre todo nombre, para que al nombre de Jesús se doble toda rodilla en los cielos, en la tierra y en los infiernos y toda lengua confiese que el Señor Jesús está en la gloria de Dios Padre, no lo dicen aquellos libros.

Allí se dice también que antes de todos los tiempos, y por

encima de todos los tiempos, permanece inconmutablemente tu Hijo unigénito, coeterno contigo, y que de su plenitud reciben las almas para ser felices y que por la participación de la sabiduría permanente en sí son renovadas para ser sabias. Pero que murió, según el tiempo, por los impíos y que no perdonaste a tu Hijo único, sino que le entregaste por todos nosotros, no se halla allí. Porque tú escondiste estas cosas a los sabios y las revelaste a los pequeñuelos, a fin de que los trabajados y cargados viniesen a él y les aliviase, porque es manso y humilde de corazón, y dirige a los mansos en justicia y enseña a los pacíficos sus caminos, viendo nuestra humildad y nuestro trabajo y perdonándonos todos nuestros pecados.

Mas aquellos que, elevándose sobre el coturno de una doctrina, digamos más sublime, no oyen al que les dice: Aprended de mí, que soy manso y humilde de corazón, y hallaréis descanso para vuestras almas, aunque conozcan a Dios no le glorifican como a Dios y le dan gracias, antes desvanécense con sus pensamientos y obscuréceseles su necio corazón, y diciendo que son sabios se hacen necio.

Dijiste a los atenienses por boca de tu Apóstol que en ti vivimos, nos movemos y somos, como algunos de los tuyos dijeron, y ciertamente de allí eran aquellos libros. Mas no puse los ojos en los ídolos de los egipcios, a quienes ofrecían tu oro los que mudaron la verdad de Dios en mentira y dieron culto y sirvieron a la criatura más bien que al creador.

Y, amonestado de aquí a volver a mí mismo, entre en mi interior guiado por ti; y púdelo hacer porque tú te hiciste mi ayuda. Entré y vi con el ojo de mi alma, comoquiera que él fuese, sobre el mismo ojo de mi alma, sobre mi mente, una luz inconmutable.

¡Oh eterna verdad, y verdadera caridad, y amada eternidad! Tú eres mi Dios; por ti suspiro día y noche, y cuando por vez primera te conocí, tú me tomaste para que viese que existía lo que había de ver y que aún no estaba en condiciones de ver. Y reverberaste la debilidad de mi vista, dirigiendo tus rayos con fuerza sobre mí, y me estremecí de amor y de horror. Y advertí que me hallaba lejos de ti en la región de la desemejanza, como si oyera tu voz de lo alto: «Manjar soy de grandes; crece y me comerás. Ni tú me mudarás en ti como al manjar de tu carne, sino tú te mudarás en mí».

Y miré las demás cosas que están por bajo de ti, y vi que ni son en absoluto ni absolutamente no son. Son ciertamente, porque proceden de ti; mas no son, porque no son lo que eres tú, y sólo es verdaderamente lo que permanece inconmutable. Mas para mí el bien está en adherirme a Dios, porque, si no permanezco en él, tampoco podré permanecer en mí. Mas él, permaneciendo en sí mismo, renueva todas las cosas; y tú eres mi Señor, porque no necesitas de mis bienes.

También se me dio a entender que son buenas las cosas que se corrompen, las cuales no podrían corromperse si fuesen sumamente buenas, como tampoco lo podrían si no fuesen buenas; porque si fueran sumamente buenas, serían incorruptible y si no fuesen buenas, no habría en ellas qué corromperse. Porque la corrupción daña, y no podría dañar si no disminuyese lo bueno. Luego o la corrupción no daña nada, lo que no es posible, o, lo que es certísimo, todas las cosas que se corrompen son privadas de algún bien. Por donde, si fueren privadas de todo bien, no existirían absolutamente; luego si fueren y no pudieren ya corromperse, es que son mejores que antes, porque permanecen ya incorruptibles. ¿Y puede concebirse cosa más monstruosa que decir que las cosas que han perdido todo lo bueno se han hecho mejores? Luego las que fueren privadas de todo bien quedarán reducidas a la nada. Luego en tanto que son la nada son buenas. Luego cualesquiera que ellas sean, son buenas, y el mal cuyo origen buscaba no es sustancia ninguna, porque si fuera sustancia sería un bien, y esto había de ser sustancia incorruptible —gran bien ciertamente— o sustancia corruptible, la cual, si no fuese buena, no podría corromperse.

Así vi yo y me fue manifestado que tú eras el autor de todos los bienes y que no hay en absoluto sustancia alguna que no haya sido creada por ti. Y porque no hiciste todas las cosas iguales, por eso todas ellas son, porque cada una por sí es buena y todas juntas muy buenas, porque nuestro Dios hizo todas las cosas buenas en extremo.

Y miré las otras cosas y vi que te son deudoras, porque son; y que en ti están todas las finitas, aunque de diferente modo, no como en un lugar, sino por razón de sostenerlas todas tú, con la mano de la verdad, y que todas son verdaderas en cuanto son, y que la falsedad no es otra cosa que tener por ser lo que no es.

También vi que no sólo cada una de ellas dice conveniencia con sus lugares, sino también con sus tiempos, y que tú, que eres el solo eterno, no has comenzado a obrar después de infinitos espacios de tiempo, porque todos los espacios de tiempo —pasados y futuros— no podrían pasar ni venir sino obrando y permaneciendo tú.

Y conocí por experiencia que no es maravilla sea al paladar enfermo tormento aun el pan, que es grato para el sano, y que a los ojos enfermos sea odiosa la luz, que a los puros es amable. También desagrada a los inicuos tu justicia mucho más que la víbora y el gusano, que tú criaste buenos y aptos para la parte inferior de tu creación, con la cual los mismos inicuos dicen aptitud, y tanto más cuanto más desemejantes son de ti, así como son más aptos para la superior cuanto te son más semejantes.

E indagué qué cosa era la iniquidad, y no hallé que fuera sustancia, sino la perversidad de una voluntad que se aparta de la suma sustancia, que eres tú, ¡oh Dios!, y se inclina a las cosas ínfimas, y arroja sus intimidades, y se hincha por de fuera.

Y buscaba yo el medio de adquirir la fortaleza que me hiciese idóneo para gozarte; ni había de hallarla sino abrazándome con el Mediador entre Dios y los hombres, el hombre Cristo Jesús, que es sobre todas las cosas Dios bendito por los siglos, el cual clama y dice: Yo soy el camino, la verdad y la vida, y el alimento mezclado con carne (que yo no tenía fuerzas para tomar), por haberse hecho el Verbo carne, a fin de que fuese amamantada nuestra infancia por la Sabiduría, por la cual creaste todas las cosas.

Pero yo, que no era humilde, no tenía a Jesús humilde por mi Dios, ni sabía de qué cosa pudiera ser maestra su flaqueza.

Así, pues, cogí avidísimamente las venerables Escrituras de tu Espíritu, y con preferencia a todos, al apóstol Pablo. Y perecieron todas aquellas cuestiones en las cuales me pareció algún tiempo que se contradecía a sí mismo y que el texto de sus discursos no concordaba con los testimonios de la Ley y de los Profetas, y apareció uno a mis ojos el rostro de los castos oráculos y aprendí a alegrarme con temblor.

Y comprendí y hallé que todo cuanto de verdadero había yo leído allí, se decía aquí realzado con tu gracia, para que el que ve no se gloríe, como si no hubiese recibido, no ya de lo que ve, sino también del poder ver.

Todas estas cosas se me entraban por las entrañas por modos maravillosos cuando leía al menor de tus apóstoles y consideraba tus obras, y me sentía espantado, fuera de mí.

LIBRO OCTAVO

¡Dios mío!, que yo te recuerde en acción de gracias y confiese tus misericordias sobre mí. Que mis huesos se empapen de tu amor y digan: Señor: ¿quién semejante a ti ? Rompiste mis ataduras; sacrifíquete yo un sacrificio de alabanza. Contaré cómo las rompiste, y todos los que te adoran dirán cuando lo oigan: Bendito sea el Señor, en el cielo y en la tierra, grande y admirable es el nombre suyo.

Tus palabras, Señor, se habían pegado a mis entrañas y por todas partes me veía cercado por ti. Cierto estaba de tu vida eterna, aunque no la viera más que en enigma y como en espejo, y así no tenía ya la menor duda sobre la sustancia incorruptible, por proceder de ella toda sustancia; ni lo que deseaba era estar más cierto de ti, sino más estable en ti.

En cuanto a mi vida temporal, todo eran vacilaciones, y debía purificar mi corazón de la vieja levadura, y hasta me agradaba el camino —el Salvador mismo—; pero tenía pereza de caminar por sus estrecheces.

Tú me inspiraste entonces la idea —que me pareció excelente— de dirigirme a Simpliciano, que aparecía a mis ojos como un buen siervo tuyo y en el que brillaba tu gracia. Había oído también de él que desde su juventud vivía devotísimamente y como entonces era ya anciano, parecíame que en edad tan larga, empleada en el estudio de tu vida estaría muy experimentado y muy instruido en muchas cosas, y verdaderamente, así era. Por eso quería yo conferir con él mis inquietudes, para que me indicase qué método de vida sería el más a propósito en aquel estado de ánimo en que yo me encontraba para caminar por tu senda.

Porque veía yo llena a tu Iglesia y que uno iba por un camino y otro por otro. En cuanto a mí, disgustábame lo que hacía en el siglo y me era ya carga pesadísima, no encendiéndome ya, como solían, los apetitos carnales, con la esperanza de honores y riquezas, a soportar servidumbre tan pesada; porque ninguna de estas cosas me deleitaba ya en comparación de tu dulzura y de la hermosura de tu casa, que ya amaba, mas sentíame todavía fuertemente ligado a la mujer; y como el Apóstol no me prohibía casarme, bien que me exhortara a seguir lo mejor al desear vivísimamente que todos los hombres fueran como él, yo ,como más flaco, escogía el partido más fácil, y por esta causa me volvía tardo en las demás cosas y me consumía con agotadores cuidados por verme obligado a reconocer en aquellas cosas que yo no quería padecer algo inherente a la vida conyugal, a la cual entregado me sentía ligado.

Había oído de boca de la Verdad que hay eunucos que se han mutilado a sí mismos por el reino de los cielos, bien que añadió que lo haga quien pueda hacerlo. Vanos son ciertamente todos los hombres en quienes no existe la ciencia de Dios, y que por las cosas que se ven, no pudieron hallar al que es. Pero ya había salido de aquella vanidad y la había traspasado, y por el testimonio de la creación entera te había hallado a ti, Creador nuestro, y a tu Verbo, Dios en ti y contigo un solo Dios, por quien creaste todas las cosas.

Otro género de impíos hay: el de los que, conociendo a Dios, no le glorificaron como a tal o le dieron gracias. También había caído yo en él; mas tu diestra me recibió y me sacó de él y me puso en que pudiera convalecer, porque tú has dicho al hombre: «He aquí que la piedad es la sabiduría y No quieras parecer sabio, porque los que se dicen ser sabios son vueltos necios».

Ya había hallado yo, finalmente , la margarita preciosa, que debía comprar con la venta de todo. Pero vacilaba.

Me encaminé, pues, a Simpliciano, padre de la colación de la gracia bautismal del entonces obispo Ambrosio, a quien éste amaba verdaderamente como a padre. Contéle los asendereados pasos de mi error; mas cuando le dije haber leído algunos libros de los platónicos, que Victorino, retórico en otro tiempo de la ciudad de Roma —y del cual había oído decir que había muerto cristiano—, había vertido a la lengua latina, me felicitó por no haber dado con las obras de otros filósofos, llenas de falacias y engaños, según los elementos de este mundo, sino con éstos en los cuales se insinúa por mil modos a Dios y su Verbo.

Luego, para exhortarme a la humildad de Cristo, escondida los sabios y revelada a los pequeñuelos, me recordó al mismo Victorino, a quien él había tratado muy familiarmente estando en Roma, y de quien me refirió lo que no quiero pasar en silencio. Porque encierra gran alabanza de tu gracia, que debe serte confesada, el modo como este doctísimo anciano —peritísimo en todas las disciplinas liberales y que había leído y juzgado tantas obras de filósofos—, maestro de tantos nobles senadores, que en premio de su preclaro magisterio había merecido y obtenido una estatua en el

Foro romano (cosa que los ciudadanos de este mundo tienen por el sumo) ; venerador hasta aquella edad de los ídolos y partícipe de los sagrados sacrilegios, a los cuales se inclinaba entonces casi toda la hinchada nobleza romana, mirando propicios ya «a los dioses monstruos de todo género y a Anubis el ladrador» , que en otro tiempo «habían estado en armas contra Neptuno y Venus y contra Minerva», y a quienes, vencidos, la misma Roma les dirigía súplicas ya, a los cuales tantos años este mismo anciano Victorino había defendido con voz aterradora, no se avergonzó de ser siervo de tu Cristo e infante de tu fuente, sujetando su cuello al yugo de la humildad y sojuzgando su frente al oprobio de la cruz.

¡Oh Señor, Señor!, que inclinaste los cielos y descendiste, tocaste los montes y humearon, ¿de qué modo te insinuaste en aquel corazón?

Leía —al decir de Simpliciano— la Sagrada Escritura e investigaba y escudriñaba curiosísimamente todos los escritos cristianos, y decía a Simpliciano, no en público, sino muy en secreto y familiarmente: «¿Sabes que ya soy cristiano?» A lo cual respondía aquél: «No lo creeré ni te contaré entre los cristianos mientras no te vea en la Iglesia de Cristo». A lo que éste replicaba burlándose: «Pues qué, ¿son acaso las paredes las que hacen a los cristianos? » Y esto de que «ya era cristiano» lo decía muchas veces, contestándole lo mismo otras tantas Simpliciano, oponiéndole siempre aquél «la burla de las paredes».

Y era que temía ofender a sus amigos, soberbios adoradores de los demonios, juzgando que desde la cima de su babilónica dignidad, como cedros del Líbano aún no quebrantados por el Señor, habían de caer sobre él sus terribles enemistades.

Pero después que, leyendo y suplicando ardientemente, se hizo fuerte y temió ser «negado por Cristo delante de sus ángeles si él temía confesarle delante de los hombres y le pareció que era hacerse reo de un gran crimen avergonzarse de «los sacramentos de humildad» de tu Verbo, no avergonzándose de «los sagrados sacrilegios» de los soberbios demonios, que él, imitador suyo y soberbio, había recibido, se avergonzó de aquella vanidad y se sonrojó ante la verdad, y de pronto e improviso dijo a Silmpliciano, según éste mismo contaba: «Vamos a la iglesia; quiero hacerme cristiano.» Éste, no cabiendo en sí de alegría, fuese con él, quien, una vez instruido en los primeros sacramentos de la religión, «dio su nombre para ser» —no mucho después— regenerado por el bautismo, con admiración de Roma y alegría de la Iglesia. Veíanle los soberbios y llenábanse de rabia, rechinaban sus dientes y se consumían; mas tu siervo había puesto en el Señor Dios su esperanza y no atendía a las vanidades y locuras engañosas.

Por último, cuando llegó la hora de hacer la profesión de fe (que en Roma suele hacerse por los que van a recibir tu gracia en presencia del pueblo fiel con ciertas y determinadas palabras retenidas de memoria y desde un lugar eminente), ofrecieron los sacerdotes a Victorino —decía aquél [Simpliciano]— que la recitase en secreto, como solía concederse a los que juzgaban que habían de tropezar por la vergüenza. Mas él prefirió confesar su salud en presencia de la plebe santa. Porque ninguna salud había en la retórica que enseñaba, y, sin embargo, la había profesado públicamente. ¡Cuánto menos, pues, debía temer ante tu mansa grey pronunciar tu palabra, él que no había temido a turbas de locos en sus discursos!

Así que, tan pronto como subió para hacer la profesión, todos, unos a otros, cada cual según le iba conociendo, murmuraban su nombre con un murmullo de gratulación —y ¿quién a allí que no le conociera?— y un grito reprimido salió de la boca de todos los que con él se alegraban: «Victorino, Victorino.» Presto gritaron por la alegría de verle, mas presto callaron por el deseo de oírle. Hizo la profesión de la verdadera fe con gran entereza, y todos querían arrebatarle dentro de sus corazones, y realmente le arrebataban amándole y gozándose de él, que éstas eran las manos de los que le arrebataban.

¡Dios bueno!, ¿qué es lo que pasa en el hombre para que se alegre más de la salud de un alma desahuciada y salvada del mayor peligro que si siempre hubiera ofrecido esperanzas o no hubiera sido tanto el peligro? También tú, Padre misericordioso, te gozas más de un penitente que de noventa y nueve justos que no tienen necesidad de penitencia; y nosotros oímos con grande alegría el relato de la oveja descarriada, que es devuelta al redil en los alegres hombros del Buen Pastor, y el de la dracma, que es repuesta en tus tesoros después de los parabienes de las vecinas a la mujer que la halló. Y lágrimas arranca de nuestros ojos el júbilo de la solemnidad de tu casa cuando se lee en ella de tu hijo menor que era muerto y revivió, había perecido y fue hallado.

Y es que tú te gozas en nosotros y en tus ángeles, santos por la santa caridad, pues tú eres siempre el mismo, por conocer del mismo modo y siempre las cosas que no son siempre ni del mismo modo.

Pero ¿qué ocurre en el alma para que ésta se alegre más con las cosas encontradas o recobradas, y que ella estima, que si siempre las hubiera tenido consigo? Porque esto mismo testifican las demás cosas y llenas están todas ellas de testimonios que claman: «Así es.»

Triunfa victorioso el emperador, y no venciera si no peleara; mas cuanto mayor fue el peligro de la batalla, tanto mayor es el gozo del triunfo.

Combate una tempestad a los navegantes y amenaza tragarlos, y todos palidecen ante la muerte que les espera; serénanse el cielo y la mar, y alégranse sobremanera, porque temieron sobremanera.

Enferma una persona amiga y su pulso anuncia algo fatal, y todos los que la quieren sana enferman con ella en el alma; sale del peligro, y aunque todavía no camine con las fuerzas de antes, hay ya tal alegría entre ellos como no la hubo antes, cuando andaba sana y fuerte.

Aun los mismos deleites de la vida humana, ¿no los sacan los hombres de ciertas molestias, no impensadas y contra voluntad, sino buscadas y queridas? Ni en la comida ni en la bebida hay placer si no precede la molestia del hambre y de la sed. Y los mismos bebedores de vino, ¿no suelen comer antes alguna cosa salada que les cause cierto ardor molesto, el cual, al ser apagado con la bebida, produce deleite? Y cosa tradicional es entre nosotros que las desposadas no sean entregadas inmediatamente a sus esposos, para que no tenga a la que se le da por cosa vil, como marido, por no haberla suspirado largo tiempo como novio .

Y esto mismo acontece con el deleite torpe y execrable, esto con el lícito y permitido, esto con la sincerísima honestidad de la amistad, y esto lo que sucedió con aquel que era muerto y revivió, se había perdido y fue hallado, siendo siempre la mayor alegría precedida de mayor pena.

¿Qué es esto, Señor, Dios mío? ¿En qué consiste que, siendo tú gozo eterno de ti mismo y gozando siempre de ti algunas criaturas que se hallan junto a ti, se halle esta parte inferior del mundo sujeta a alternativas de adelantos y retrocesos, de uniones y separaciones? ¿Es acaso éste su modo de ser y lo único que le concediste cuando desde lo más alto de los cielos hasta lo más profundo de la tierra, desde el principio de los tiempos hasta el fin de los siglos, desde el ángel hasta el gusanillo y desde el primer movimiento hasta el postrero, ordenaste todos los géneros de bienes y todas tus obras justas, ¡cada una en su propio lugar y tiempo?

¡Ay de mí! ¡Cuán elevado eres en las alturas y cuán profundo en los abismos! A ninguna parte te alejas y, sin embargo, apenas si logramos volvernos a ti.

Ea, Señor, manos a la obra; despiértanos y vuelve a llamarnos, enciéndenos y arrebátanos, derrama tus fragancias y sénos dulce: amenos, corramos.

¿No es cierto que muchos se vuelven a ti de un abismo de ceguedad más profundo aún que el de Victorino, y se acercan a ti y son iluminados, recibiendo aquella luz, con la cual, quienes la reciben, juntamente reciben la potestad de hacerse hijos tuyos?

Mas si éstos son poco conocidos de los pueblos, poco se gozan de ellos aun los mismos que les conocen; pero cuando el gozo es de muchos, aun en los particulares es más abundante, por enfervorizarse y encenderse unos con otros.

A más de esto, los que son conocidos de muchos sirven a muchos de autoridad en orden a la salvación, yendo delante de muchos que los han de seguir; razón por la cual se alegran mucho de tales convertidos aun los mismos que les han precedido, por no alegrarse de ellos solos.

Lejos de mí pensar que sean en tu casa más aceptas las personas de los ricos que las de los pobres y las de los nobles más que las de los plebeyos, cuando más bien elegiste las cosas débiles para confundir las fuertes, y las innobles y despreciadas de este mundo y las que no tienen ser como si lo tuvieran, para destruir las que son.

No obstante esto, el mínimo de tus apóstoles, por cuya boca pronunciaste estas palabras, habiendo abatido con su predicación la soberbia del procónsul Pablo y sujetándole al suave yugo del gran Rey, quiso en señal de tan insigne victoria cambiar su nombre primitivo de Saulo en Paulo. Porque más vencido es el enemigo en aquel a quien más tiene preso y por cuyo medio tiene a otros muchos presos; porque muchos son los soberbios que tienen presos por razón de la nobleza; y de éstos, a su vez, muchos por razón de su autoridad.

Así que cuanto con más gusto se pensaba en el pecho de Victorino —que como fortaleza inexpugnable había ocupado el diablo y con cuya lengua, como un dardo grande y agudo, había dado muerte a muchos—, tanto más abundantemente convenía se alegrasen tus hijos, por haber encadenado nuestro Rey al fuerte y ver que sus vasos, conquistados, eran purificados y destinados a tu honor, convirtiéndolos así en instrumentos del Señor para toda buena obra.

Mas apenas me refirió tu siervo Simpliciano estas cosas de Victorino, encendíme yo en deseos de imitarle, como que con este fin me las había también él narrado. Pero cuando después añadió que en tiempos del emperador Juliano, por una ley que se dio, se prohibió a los cristianos enseñar literatura y oratoria, y que aquél, acatando dicha ley, prefirió más abandonar la verbosa escuela que dejar a tu Verbo, que hace elocuentes las lenguas de los niños que aún no hablan, no me pareció tan valiente como afortunado por haber hallado ocasión de consagrarse a ti, cosa por la que yo suspiraba, ligado no con hierros extraños, sino por mi férrea voluntad.

Poseía mi querer el enemigo, y de él había hecho una cadena con la que me tenía aprisionado. Porque de la voluntad perversa nace el apetito, y del apetito, obedecido procede la costumbre, y de la costumbre no contradecida proviene la necesidad; y con estos a modo de anillos enlazados entre sí —por lo que antes llamé cadena— me tenía aherrojado en dura esclavitud. Porque la nueva voluntad que había empezado a nacer en mí de servirte gratuitamente y gozar de ti, ¡oh Dios mío!, único gozo cierto, todavía no era capaz de vencer la primera, que con los años se había hecho fuerte. De este modo las dos voluntades mías, la vieja y la nueva, la carnal y la espiritual, luchaban entre sí y discordando destrozaban mi alma.

Así vine a entender por propia, experiencia lo que había leído de cómo la carne apetece contra el espíritu, y el espíritu contra la carne, estando yo realmente en ambos, aunque más yo en aquello que aprobaba en mí que no en aquello que en mí desaprobaba; porque en aquello más había ya de no yo, puesto que su mayor parte más padecía contra mi voluntad que obraba queriendo.

Con todo, de mí mismo provenía la costumbre que prevalecía contra mí, porque queriendo había llegado a donde no quería. Y ¿quién hubiera podido replicar con derecho, siendo justa la pena que se sigue al que peca?

Ya no existía tampoco aquella excusa con que solía persuadirme de que si aún no te servía, despreciando el mundo, era porque no tenía una percepción clara de la verdad; porque ya la tenía y cierto; con todo, pegado todavía a la tierra, rehusaba entrar en tu milicia y temía tanto el verme libre de todos aquellos impedimentos cuanto se debe temer estar impedido de ellos.

De este modo me sentía dulcemente oprimido por la carga del siglo, como acontece con el sueño, siendo semejantes los pensamientos con que pretendía elevarme a ti a los esfuerzos, de los que quieren despertar, mas, vencidos de la pesadez del sueño, caen rendidos de nuevo. Porque así como no hay nadie que quiera estar siempre durmiendo —y a juicio de todos es mejor velar que dormir—, y, no obstante, difiere a veces el hombre sacudir el sueño cuando tiene sus miembros muy cargados de él, y aun desagradándole éste lo toma con más gusto aunque sea venida la hora de levantarse, así tenía yo por cierto ser mejor entregarme a tu amor que ceder a mi apetito. No obstante, aquello me agradaba y vencía, esto me deleitaba y encadenaba.

Ya no tenía yo que responderte cuando me decías: «Levántate, tú que duermes, y sal de entre los muertos, y te iluminará Cristo»; y mostrándome por todas partes ser verdad lo que decías, no tenía ya absolutamente nada que responder, convicto por la verdad, sino unas palabras lentas y soñolientas: Ahora... En seguida... Un poquito más. Pero este ahora no tenía término y este poquito más se iba prolongando.

En vano me deleitaba en tu Ley, según el hombre interior, luchando en mis miembros otra ley contra la ley de mi espíritu, y teniéndome cautivo bajo la ley del pecado existente en mis miembros. Porque ley del pecado es la fuerza de la costumbre, por la que es arrastrado y retenido el ánimo, aun contra su voluntad, en justo castigo de haberse dejado caer en ella voluntariamente.

¡Miserable, pues, de mí!, ¿quién habría podido librarme del cuerpo de esta muerte sino tu gracia, por Cristo nuestro Señor?

También narraré de qué modo me libraste del vínculo del deseo del coito, que me tenía estrechísimamente cautivo, y de la servidumbre de los negocios seculares, y confesaré tu nombre, ¡oh, Señor!, ayudador mío y redentor mío. Hacía las cosas de costumbre con angustia creciente y todos los días suspiraba por ti y frecuentaba tu iglesia, cuanto me dejaban libre los negocios, bajo cuyo peso gemía.

Conmigo estaba Alipio, libre de la ocupación de los jurisconsultos después de la tercera asesoración, aguardando a quién vender de nuevo sus consejos, como yo vendía la facultad de hablar, si es que alguna se puede comunicar con la enseñanza.

Nebridio, en cambio, había cedido a nuestra amistad, auxiliando en la enseñanza a nuestro íntimo y común amigo Verecundo, ciudadano y gramático de Milán, que deseaba con vehemencia y nos pedía, a título de amistad, un fiel auxiliar de entre nosotros, del que estaba muy necesitado.

No fue, pues, el interés lo que movió a ello a Nebridio —que mayor lo podría obtener si quisiera enseñar la letras—, sino que no quiso este amigo dulcísimo y mansísimo desechar nuestro ruego en obsequio a la amistad. Mas hacía esto muy prudentemente, huyendo de ser conocido de los grandes personajes del mundo, evitando con ello toda preocupación de espíritu, que él quería tener libre y lo más desocupado posible para investigar, leer u oír algo sobre la sabiduría.

Mas cierto día que estaba ausente Nebridio —no sé por qué causa— vino a vernos a casa, a mí y a Alipio, un tal Ponticiano, ciudadano nuestro en cualidad de africano, que servía en un alto cargo de palacio. Yo no sé qué era lo que quería de nosotros.

Sentámonos a hablar, y por casualidad clavó la visita en un códice que había sobre la mesa de juego que estaba delante de nosotros. Tomóle, abrióle, y halló ser, muy sorprendentemente por cierto, el apóstol Pablo, porque pensaba que sería alguno de los libros cuya explicación me preocupaba. Entonces, sonriéndose y mirándome gratulatoriamente, me expresó su admiración de haber hallado por sorpresa delante de mis ojos aquellos escritos, y nada más que aquéllos, pues era cristiano y fiel, y muchas veces se postraba delante de ti, ¡oh Dios nuestro!, en la iglesia con frecuentes y largas oraciones.

Y como yo le indicara que aquellas Escrituras ocupaban mi máxima atención, tomando él entonces la palabra, comenzó a hablarnos de Antonio, monje de Egipto, cuyo nombre era celebrado entre tus fieles y nosotros ignorábamos hasta aquella hora. Lo que como él advirtiera, detúvose en la narración, dándonos a conocer a tan gran varón, que nosotros desconocíamos, admirándose de nuestra ignorancia.

Estupefactos quedamos oyendo tus probadísimas maravillas realizadas en la verdadera fe e Iglesia católica y en época tan reciente y cercana a nuestros tiempos. Todos nos admirábamos: nosotros, por ser cosas tan grandes, y él, por sernos tan desconocidas.

De aquí pasó a hablarnos de las muchedumbres que viven en monasterios, y de sus costumbres, llenas de tu dulce perfume, y de los fértiles desiertos del yermo, de los que nada sabíamos. Y aun en el mismo Milán había un monasterio, extramuros de la ciudad, lleno de buenos hermanos, bajo la dirección de Ambrosio, y que también desconocíamos.

Alargábase Ponticiano y se extendía más y más, oyéndole nosotros atentos en silencio. Y de una cosa en otra vino a contarnos cómo en cierta ocasión, no sé cuando, estando en Tréveris, salió él con tres compañeros, mientras el emperador se hallaba en los juegos circenses de la tarde, a dar un paseo por los jardines contiguos a las murallas, y que allí pusiéronse a pasear juntos en dos al azar, uno con él por un lado y los otros dos de igual modo por otro, distanciados.

Caminando éstos sin rumbo fijo, vinieron a dar en una cabaña en la que habitaban ciertos siervos tuyos, pobres de espíritu, de los cuales es el reino de los cielos. En ella hallaron un códice que contenía escrita la Vida de San Antonio, la cual comenzó uno de ellos a leer, y con ello a admirarse, encenderse y a pensar, mientras leía, en abrazar aquel género de vida y, abandonando la milicia del mundo, servirte a ti solo.

Eran estos dos cortesanos de los llamados agentes de negocios. Lleno entonces repentinamente de un amor santo y casto pudor, airado contra sí y fijos los ojos en su compañero, le dijo: «Dime, te ruego, ¿adónde pretendemos llegar con todos estos nuestros trabajos? ¿Qué es lo que buscarnos? ¿Cuál es el fin de nuestra milicia? ¿Podemos aspirar a más en palacio que a amigos del César? Y aun en esto mismo, ¿qué no hay de frágil y lleno de peligros? ¿Y por cuántos peligros no hay que pasar para llegar a este peligro mayor? Y aun esto,

¿cuándo sucederá? En cambio, si quiero, ahora mismo puedo ser amigo de Dios.» Dijo esto, y turbado con el parto de la nueva vida, volvió los ojos al libro leía y se mudaba interiormente, donde tú le veías, y desnudábase su espíritu del mundo, como luego se vio.

Porque mientras leyó y se agitaron las olas de su corazón, lanzó algún bramido que otro, y discernió y decretó lo que era mejor y, ya tuyo, dijo a su amigo: «Yo he roto ya con aquella nuestra esperanza y he resuelto dedicarme al servicio de Dios, y esto lo quiero comenzar en esta misma hora y en este mismo lugar. Tú, si no quieres imitarme, no quieras contrariarme.»

Respondió éste que «quería juntársele y ser compañero de tanta merced y tan gran milicia». Y ambos tuyos ya, comenzaron a edificar la torre evangélica con las justas expensas del abandono de todas las cosas y de tu seguimiento.

Entonces Poniticiano y su compañero que paseaban por otras partes de los jardines, buscándoles, dieron también en la misma cabaña, y hallándoles les advirtieron que retornasen, que era ya el día vencido. Entonces ellos, refiriéndoles su determinación y propósito y el modo cómo había nacido y confirmádose en ellos tal deseo, les pidieron que, si no se les querían asociar, no les fueran molestos. Mas éstos, en nada mudados de lo que antes eran, lloráronse a sí mismos, según decía, y les felicitaron piadosamente y se encomendaron a sus oraciones; y poniendo su corazón en la tierra se volvieron a palacio; mas aquéllos, fijando el suyo en el cielo, se quedaron en la cabaña.

Y los dos tenían prometidas; pero cuando oyeron éstas lo sucedido, te consagraron también su virginidad.

Narraba estas cosas Ponticiano, y mientras él hablaba, tú, Señor, me trastocabas a mí mismo, quitándome de mi espalda, adonde yo me había puesto para no verme, y poniéndome delante de mi rostro para que viese cuán feo era, cuán deforme y sucio, manchado y ulceroso.

Veíame y llenábame de horror, pero no tenía adónde huir de mí mismo. Y si intentaba apartar la vista de mí, con la narración que me hacía Ponticiano, de nuevo me ponías frente a mí y me arrojabas contra mis ojos, para que descubriese mi iniquidad y la odiase. Bien la conocía, pero la disimulaba, y reprimía, y olvidaba.

Pero entonces, cuanto más ardientemente amaba a aquellos de quienes oía relatar tan saludables afectos por haberse dado totalmente a ti para que los sanases, tanto más execrablemente me odiaba a mí mismo al compararme con ellos. Porque muchos años míos habían pasado sobre mí —unos doce aproximadamente - desde que en el año diecinueve de mi edad, leído el Hortensio, me había sentido excitado al estudio de la sabiduría, pero difería yo entregarme a su investigación, despreciada la felicidad terrena, cuando no ya su invención, pero aun sola su investigación debería ser antepuesta a los mayores tesoros y reinos del mundo y a la mayor abundancia de placeres.

Mas yo, joven miserable, sumamente miserable, había llegado a pedirte en los comienzos de la misma adolescencia la castidad, diciéndote: «Dame la castidad y continencia, pero no ahora», pues temía que me escucharas pronto y me sanaras presto de la enfermedad de mi concupiscencia, que entonces más quería yo saciar que extinguir. Y continué por las sendas perversas de la superstición sacrílega, no como seguro de ella, sino como dándole preferencia sobre las demás, que yo no buscaba piadosamente, sino que hostilmente combatía.

Y pensaba yo que el diferir de día en día seguirte a ti solo, despreciada toda esperanza del siglo, era porque no se me descubría una cosa cierta adonde dirigir mis pasos. Pero había llegado el día en que debía aparecer desnudo ante mí, y mi conciencia increparme así: «¿Dónde está lo que decías? ¡Ah! Tú decías que por la incertidumbre de la verdad no te decidías a arrojar la carga de tu vanidad. He aquí que ya te es cierta, y, no obstante, te oprime aún aquélla, en tanto que otros, que ni se han consumido tanto en su investigación ni han meditado sobre ella diez años y más, reciben en hombros más libres alas para volar.»

Con esto me carcomía interiormente y me confundía vehementemente con un pudor horrible mientras Ponticiano refería tales cosas, el cual, terminada su plática y la causa por que había venido, se fue. Mas yo, vuelto a mí, ¿qué cosas no dije contra mí? ¿Con qué azotes de sentencias no flagelé a mi alma para que me siguiese a mí, que me esforzaba por ir tras de ti? Ella se resistía. Rehusaba aquello, pero no alegaba excusa alguna, estando ya agotados y rebatidos todos los argumentos. Sólo quedaba en ella un mudo temblor, y temía, a par de muerte, ser apartada de la corriente de la costumbre, con la que se consumía normalmente.

Entonces estando en aquella gran contienda de mi casa interior, que yo mismo había excitado fuertemente en mi alma, en lo más secreto de ella, en mi corazón, turbado así en el espíritu como en el rostro, dirigiéndome a Alipio exclamé: «¿Qué es lo que nos pasa? ¿Qué es esto que has oído?

Levántanse los indoctos arrebatan el ciclo, y nosotros, con todo nuestro saber, faltos de corazón, ved que nos revolcamos en la carne y en la sangre. ¿Acaso nos da vergüenza seguirles por habernos precedido y no nos la da siquiera el no seguirles?»

Dije no sé qué otras cosas y arrebatóme de su lado mi congoja, mirándome él atónito en silencio. Porque no hablaba yo como de ordinario, y mucho más que las palabras que profería declaraban el estado de mi alma, la frente, las mejillas, los ojos, el color y el tono de la voz.

Tenía nuestra posada un huertecillo, del cual usábamos nosotros, así como de lo restante de la casa, por no habitarla el huésped señor de la misma. Allí me había llevado la tormenta de mi corazón, para que nadie estorbase el acalorado combate que había entablado yo conmigo mismo, hasta que se resolviese la cosa del modo que tú sabías y yo ignoraba; mas yo no hacía más que ensañarme saludablemente y morir vitalmente, conocedor de lo malo que yo estaba, pero desconocedor de lo bueno que de allí a poco iba a estar.

Retiréme, pues, al huerto, y Alipio, paso sobre paso tras mí; pues, aunque él estuviese presente, no me encontraba yo menos solo. Y ¿cuándo estando así afectado me hubiera él abandonado? Sentámonos lo más alejados que pudimos de los edificios. Yo bramaba en espíritu, indignándome con una turbulentísima indignación porque no iba a un acuerdo y pacto contigo, ¡oh Dios mío!, a lo que me gritaban todos mis huesos que debía ir, ensalzándolo con alabanzas hasta el cielo, para lo que no era necesario ir con naves, ni cuadrigas, ni con pies, aunque fuera tan corto el espacio como el que distaba de la casa el lugar donde nos habíamos sentado; porque no sólo el ir, pero el mismo llegar allí, no consistía en otra cosa que en querer ir, pero fuerte y plenamente, no a medias, inclinándose ya aquí, ya allí, siempre agitado, luchando la parte que se levantaba contra la otra parte que caía.

Por último, durante las angustias de la indecisión, hice muchísimas cosas con el cuerpo, cuales a veces quieren hacer los hombres y no pueden, bien por no tener miembros para hacerlas, bien por tenerlos atados, bien por tenerlos lánguidos por la debilidad o bien impedidos de cualquier otro modo. Si mesé los cabellos, si golpeé la frente, si, entrelazados los dedos, oprimí las rodillas, lo hice porque quise; mas pude quererlo y no hacerlo si la movilidad de los miembros no me hubiera obedecido. Luego hice muchas cosas en las que no era lo mismo querer que poder.

Y, sin embargo, no hacía lo que con afecto incomparable me agradaba mucho, y que al punto que lo hubiese querido lo hubiese podido, porque en el momento en que lo hubiese querido lo hubiese realmente podido, pues en esto el poder es lo mismo que el querer, y el querer era ya obrar.

Con todo, no obraba, y más fácilmente obedecía el cuerpo al más tenue mandato del alma de que moviese a voluntad sus miembros, que no el alma a sí misma para realizar su voluntad grande en sola la voluntad.

Pero ¿de dónde nacía este monstruo? ¿Y por qué así? Luzca tu misericordia e interrogue —si es que pueden responderme— a los abismos de las penas humanas y las tenebrosísimas contriciones de los hijos de Adán: ¿De dónde este monstruo? ¿Y por qué así?

Manda el alma al cuerpo y le obedece al punto; mándase

el alma a sí misma y se resiste. Manda el alma que se mueva la mano, y tanta es la prontitud, que apenas se distingue la acción del mandato; no obstante, el alma es alma y la mano cuerpo. Manda el alma que quiera el alma, y no siendo cosa distinta de sí, no la obedece, sin embargo. ¿De dónde este monstruo? ¿Y por qué así?

Manda, digo, que quiera —y no mandara si no quisiera—, y, no obstante, no hace lo que manda. Luego no quiere totalmente; luego tampoco manda toda ella; porque en tanto manda en cuanto quiere, y en tanto no hace lo que manda en cuanto no quiere, porque la voluntad manda a la voluntad que sea, y no otra sino ella misma. Luego no manda toda ella; y ésta es la razón de que no haga lo que manda. Porque si fuese plena, no mandaría que fuese, porque ya lo sería.

No hay, por tanto, monstruosidad en querer en parte y en parte no querer, sino cierta enfermedad del alma; porque elevada por la verdad, no se levanta toda ella, oprimida por el peso de la costumbre. Hay, pues, en ella dos voluntades, porque, no siendo una de ellas total, tiene la otra lo que falta a ésta.

Perezcan a tu presencia, ¡oh Dios!, como realmente perecen, los vanos habladores y seductores de inteligencias, quienes, advirtiendo en la deliberación dos voluntades, afirman haber dos naturalezas, correspondientes a dos mentes, una buena y otra mala.

Verdaderamente los malos son ellos creyendo tales maldades; por lo mismo, sólo serán buenos si creyeren las cosas verdaderas y se ajustaran a ellas, para que tu Apóstol pueda decirles: «Fuisteis algún tiempo tinieblas, mas ahora sois luz en el Señor». Porque ellos, queriendo ser luz no en el Señor, sino en sí mismos, al juzgar que la naturaleza del alma es la misma que la de Dios, se han vuelto tinieblas aún más densas, porque se alejaron con ello de ti con horrenda arrogancia; de ti, verdadera lumbre que ilumina a todo hombre que viene a este mundo. Mirad lo que decís, y llenaos de confusión, y acercaos a él, y seréis iluminados, y vuestros rostros no serán confundidos.

Cuando yo deliberaba sobre consagrarme al servicio del Señor, Dios mío, conforme hacía ya mucho tiempo lo había dispuesto, yo era el que quería, y el que no quería, yo era. Mas porque no quería plenamente ni plenamente no quería, por eso contendía conmigo y me destrozaba a mí mismo; y aunque este destrozo se hacía en verdad contra mi deseo, no mostraba, sin embargo, la naturaleza de una voluntad extraña, sino la pena de la mía. Y por eso no era yo ya el que lo obraba, sino el pecado que habitaba en mí, como castigo de otro pecado más libre, por ser hijo de Adán.

En efecto: si son tantas las naturalezas contrarias cuantas son las voluntades que se contradicen, no han de ser dos, sino muchas. Si alguno, en efecto, delibera entre ir a sus conventículos o al teatro, al punto claman éstos: «He aquí dos naturalezas, una buena, que le lleva a aquéllos, y otra mala, que le arrastra a éste. Porque ¿de dónde puede venir esta vacilación de voluntades que se contradicen mutuamente?»

Mas yo digo que ambas son malas, la que le guía a aquéllos y la que le arrastra al teatro; pero ellos no creen buena sino la que le lleva a ellos.

¿Y qué en el caso de que alguno de los nuestros delibere y, altercando consigo las dos voluntades, fluctúe entre ir al teatro o a nuestra iglesia? ¿No vacilarán éstos en lo que han de responder? Porque o han de confesar, lo que no quieren, que es buena la voluntad que les conduce a nuestra iglesia como van a ella los que han sido imbuidos en sus misterios y permanecen fieles, o han de reconocer que en un hombre mismo luchan dos naturalezas malas y dos espíritus malos, y entonces ya no es verdad lo que dicen, que la una es buena y la otra mala, o se convierten a la verdad, y en este caso no negarán que, cuando uno delibera, una sola es el alma, agitada con diversas voluntades.

Luego no digan ya, cuando advierten en un mismo hombre dos voluntades que se contradicen, que hay dos mentes contrarias, una buena y otra mala, provenientes de dos sustancias y dos principios contrarios que se combaten. Porque tú, ¡oh Dios veraz!, les repruebas, arguyes y convences, como en el caso en que ambas voluntades son malas; v. gr., cuando uno duda si matar a otro con el hierro o el veneno; si invadir ésta o la otra hacienda ajena, de no poder ambas; si comprar el placer derrochando o guardar el dinero por avaricia; si ir al circo o al teatro, caso de celebrarse al mismo tiempo; y aun añado un tercer término: de robar o no la casa del prójimo si se le ofrece ocasión; y aun añado un cuarto: de cometer un adulterio si tiene posibilidad para ello, en el supuesto de concurrir todas estas cosas en un mismo tiempo y de ser igualmente deseadas todas, las cuales no pueden ser a un mismo tiempo ejecutadas; porque estas cuatro voluntades —y aun otras muchas que pudieran darse, dada la multitud de cosas que apetecemos—, luchando contra sí, despedazan el alma, sin que puedan decir en este caso que existen otras tantas sustancias diversas.

Lo mismo acontece con las buenas voluntades. Porque si

yo les pregunto si es bueno deleitarse con la lectura del Apóstol y gozarse con el canto de algún salmo espiritual o en la explicación del Evangelio, me responderán a cada una de estas cosas que es bueno. Mas en el caso de que deleiten igualmente y al mismo tiempo, ¿no es cierto que estas diversas voluntades dividen el corazón del hombre mientras delibera qué ha de escoger con preferencia?

Y, sin embargo, todas son buenas y luchan entre sí hasta que es elegida una cosa que arrastra y une toda la voluntad, que antes andaba dividida en muchas. Esto mismo ocurre también cuando la eternidad agrada a la parte superior y el deseo del bien temporal retiene fuertemente a la inferior, que es la misma alma queriendo aquello o esto no con toda la voluntad, y por eso desgárrase a sí con gran dolor al preferir aquello por la verdad y no dejar esto por la familiaridad.

Así enfermaba yo y me atormentaba, acusándome a mí mismo más duramente que de costumbre, mucho y queriéndolo, y revolviéndome sobre mis ligaduras, para ver si rompía aquello poco que me tenía prisionero, pero que al fin me tenía. Y tú, Señor, me instabas a ello en mis entresijos y con severa misericordia redoblabas los azotes del temor y de la vergüenza, a fin de que no cejara de nuevo y no se rompiese aquello poco y débil que había quedado, y se rehiciese otra vez y me atase más fuertemente.

Y decíame a mí mismo interiormente: «¡Ea! Sea ahora, sea ahora»; y ya casi pasaba de la palabra a la obra, ya casi lo hacía; pero no lo llegaba a hacer. Sin embargo, ya no recaía en las cosas de antes, sino que me detenía al pie de ellas y tomaba aliento y lo intentaba de nuevo; y era ya un poco menos lo que distaba, y otro poco menos, y ya casi tocaba al término y lo tenía; pero ni llegaba a él, ni lo tocaba, ni lo tenía, dudando en morir a la muerte y vivir a la vida, pudiendo más en mí lo malo inveterado que lo bueno desacostumbrado y llenándome de mayor horror a medida que me iba acercando al momento en que debía mudarme. Y aunque no me hacía volver atrás ni apartarme del fin, me retenía suspenso.

Reteníanme unas bagatelas de bagatelas y vanidades de vanidades, antiguas amigas mías; y tirábanme del vestido de la carne, y me decían por lo bajo: «¿Nos dejas?» Y «¿desde este momento no estaremos contigo por siempre jamás?» Y «¿desde este momento nunca más te será lícito esto y aquello?»

¡Y qué cosas, Dios mío, qué cosas me sugerían con las palabras esto y aquello! Por tu misericordia aléjalas del alma de tu siervo. ¡Oh qué suciedades me sugerían, qué indecencias! Pero las oía ya de lejos, menos de la mitad de antes, no como contradiciéndome a cara descubierta saliendo a mi encuentro, sino como musitando a la espalda y como pellizcándome a hurtadillas al alejarme, para que volviese la vista.

Hacían, sin embargo, que yo, vacilante, tardase en romper y desentenderme de ellas y saltar adonde era llamado, en tanto que la costumbre violenta me decía: «¿Qué, piensas tú que podrás vivir sin estas cosas?»

Mas esto lo decía ya muy tibiamente. Porque por aquella parte hacia donde yo tenía dirigido el rostro, y adonde temía pasar, se me dejaba ver la casta dignidad de la continencia, serena y alegre, no disolutamente, acariciándome honestamente para que me acercase y no vacilara y extendiendo hacia mí para recibirme y abrazarme sus piadosas manos, llenas de multitud de buenos ejemplos.

Allí una multitud de niños y niñas, allí una juventud

numerosa y hombres de toda edad, viudas venerables y vírgenes ancianas, y en todas la misma continencia, no estéril, sino fecunda madre de hijos nacidos de los gozos de su esposo, tú, ¡oh Señor!

Y reíase ella de mí con risa alentadora, como diciendo: «¿No podrás tú lo que éstos y éstas? ¿O es que éstos y éstas lo pueden por sí mismos y no en el Señor su Dios? El Señor su Dios me ha dado a ellas. ¿Por qué te apoyas en ti, que no puedes tenerte en pie? Arrójate en él, no temas, que él no se retirará para que caigas; arrójate seguro, que te recibirá y sanará».

Y llenábame de muchísima vergüenza, porque aún oía el murmullo de aquellas bagatelas y, vacilante, permanecía suspenso.

Mas de nuevo aquélla, como si dijera: «Hazte sordo contra aquellos tus miembros inmundos sobre la tierra, a fin de que sean mortificados. Ellos te hablan de deleites, pero no conforme a ley del Señor tu Dios».

Tal era la contienda que había en mi corazón, de mí mismo contra mí mismo. Mas Alipio, fijo a mi lado, aguardaba en silencio el desenlace de mi inusitada emoción.

Mas apenas una alta consideración sacó del profundo de su secreto y amontonó toda mi miseria a la vista de mi corazón, estalló en mi alma una tormenta enorme, que encerraba en sí copiosa lluvia de lágrimas. Y para descargarla toda con sus truenos correspondientes, me levanté de junto Alipio —pues me pareció que para llorar era más a propósito la soledad— y me retiré lo más remotamente que pude, para que su presencia no me fuese estorbo. Tal era el estado en que me hallaba, del cual se dio él cuenta, pues no sé qué fue lo que dije al levantarme, que ya el tono de mi voz parecía cargado de lágrimas.

Quedóse él en el lugar en que estábamos sentados sumamente estupefacto; mas yo, tirándome debajo de una higue-
ra, no sé cómo, solté la rienda a las lágrimas, brotando dos
ríos de mis ojos, sacrificio tuyo aceptable. Y aunque no con
estas palabras, pero sí con el mismo sentido, te dije muchas
cosas como éstas: «¡Y tú, Señor, hasta cuándo! ¡Hasta cuando, Señor, has de estar irritado! No quieras más acordarte
de nuestras iniquidades antiguas». Sentíame aún cautivo de
ellas y lanzaba voces lastimeras: «¿Hasta cuándo, hasta cuándo, ¡mañana! ¡mañana!? ¿Por qué no hoy? ¿Por qué no poner
fin a mis torpezas en esta misma hora?»

Decía estas cosas y lloraba con amarguísima contrición
de mi corazón. Mas he aquí que oigo de la casa vecina una
voz, como de niño o niña, que decía cantando y repetía muchas veces: «Toma y lee, toma y lee».

De repente, cambiando de semblante, me puse con toda
la atención a considerar si por ventura había alguna especie
de juego en que los niños soliesen cantar algo parecido, pero
no recordaba haber oído jamás cosa semejante; y así, repri-
miendo el ímpetu de las lágrimas, me levanté, interpretando
esto como una orden divina de que abriese el códice y leye-
se el primer capítulo que hallase.

Porque había oído decir de Antonio que, advertido por
una lectura del Evangelio, a la cual había llegado por casualidad, y tomando como dicho para sí lo que se leía: «Vete,
vende todas las cosas que tienes, dalas a los pobres y tendrás
un tesoro en los cielos, y después ven y sígueme, se había al
punto convertido a ti con tal oráculo».

Así que, apresurado, volví al lugar donde estaba sentado
Alipio y yo había dejado el códice del Apóstol al levantarme

de allí. Toméle, pues; abríle y leí en silencio el primer capítulo que se me vino a los ojos, y decía: «No en comilonas y embriagueces, no en lechos y en liviandades, no en contiendas y emulaciones, sino revestíos de nuestro Señor Jesucristo y no cuidéis de la carne con demasiados deseos».

No quise leer más, ni era necesario tampoco, pues al punto que di fin a la sentencia, como si se hubiera infiltrado en mi corazón una luz de seguridad, se disiparon todas las tinieblas de mis dudas.

Entonces, puesto el dedo o no sé qué cosa de registro, cerré el códice, y con rostro ya tranquilo se lo indiqué a Alipio, quien a su vez me indicó lo que pasaba por él, y que yo ignoraba. Pidió ver lo que había leído; se lo mostré, y puso atención en lo que seguía a aquello que yo había leído y yo no conocía. Seguía así: «Recibid al débil en la fe», lo cual se aplicó él a sí mismo y me lo comunicó. Y fortificado con tal admonición y sin ninguna turbulenta vacilación, se abrazó con aquella determinación y santo propósito, tan conforme con sus costumbres, en las que ya de antiguo distaba ventajosamente tanto de mí.

Después entramos a ver a la madre, indicándoselo, y se llenó de gozo; le contamos el modo como había sucedido, y saltaba de alegría y cantaba victoria, por lo cual te bendecía a ti, que eres poderoso para darnos más de lo que pedimos o entendemos, porque veía que le habías concedido, respecto de mí, mucho más de lo que constantemente te pedía con gemidos lastimeros y llorosos.

Porque de tal modo me convertiste a ti que ya no apetecía esposa ni abrigaba esperanza alguna de este mundo, estando ya en aquella regla de fe sobre la que hacía tantos años me habías mostrado a ella. Y así convertiste su llanto en gozo, mucho más fecundo de lo que ella había apetecido y mucho más caro y casto que el que podía esperar de los nietos que le diera mi carne.

LIBRO NOVENO

❄

Lleno, pues, de tal gozo, toleraba aquel lapso de tiempo hasta que terminase —no sé si eran unos veinte días—; y lo toleraba ya con gran dificultad, porque se había ido la ambición que solía llevar conmigo este pesado oficio y me había quedado yo solo; por lo que hubiera sucumbido de no haberse hecho presente, en lugar de ella, la paciencia.

Tal vez dirá alguno de tus siervos, mis hermanos, que pequé en esto, porque, estando ya con el corazón lleno de deseos de servirte, soporté estar una hora más siquiera sentado en la cátedra de la mentira. No discutiré con ellos. Pero tú, Señor misericordiosísimo, ¿acaso no me has perdonado y remitido también este pecado con todos los demás, horrendos y mortales, en el agua santa del bautismo?

Verecundo se angustiaba de pena por éste nuestro bien, porque veía que iba a tener que abandonar nuestra compañía a causa de los vínculos [matrimoniales] que le aprisionaban tenacísimamente. Aunque no era cristiano, estaba casado con una mujer creyente; mas precisamente en ella hallaba el mayor obstáculo que le retraía para entrar en la senda que habíamos emprendido nosotros, pues no quería ser cristiano, decía, de otro modo de aquel que le era imposible.

Se angustiaba entonces, como digo, Verecundo, pero

Nebridio se alegraba con nosotros. Porque, aunque también éste —no siendo aún cristiano— había caído en el hoyo del perniciosísimo error de creer ilusoria la carne de la Verdad, tu Hijo, ya, sin embargo, había salido de él, aunque permanecía sin imbuirse en ninguno de los sacramentos de tu Iglesia, si bien era un investigador ardentísimo de la verdad.

No mucho después de nuestra conversión y regeneración por tu bautismo, se hizo al fin católico fiel, sirviéndote a ti junto a los suyos en África, en castidad y continencia perfectas; y después de haberse convertido a la fe cristiana por su medio toda su casa, le libraste de los lazos de la carne, viviendo ahora en el seno de Abraham, sea lo que fuere lo que por dicho seno se significa. Allí vive mi Nebridio, dulce amigo mío y, de liberto, pasó a ser hijo adoptivo tuyo. Allí vive —porque ¿qué otro lugar convenía a un alma como esa?—, allí vive, de donde salía preguntarme muchas cosas a mi, hombrecillo inexperto. Ya no aplica su oído a mi boca, sino que pone su boca espiritual en tu fuente y bebe cuanto puede de la sabiduría según su avidez, sin término feliz. Mas no creo que se embriague de tal modo de ella que se olvide de mí, cuando tú, Señor, que eres su bebida, te acuerdas de nosotros.

¡Qué voces te di, Dios mío, cuando, todavía novato en tu verdadero amor y siendo catecúmeno, leía con tranquilidad en la quinta los salmos de David –cánticos de fe, sonidos de piedad, que excluyen todo espíritu hinchado– en compañía de Alipio, también catecúmeno, y de mi madre, que se nos había juntado con aspecto de mujer, fe de varón, seguridad de anciana, caridad de madre y piedad cristiana! ¡Qué voces, sí, te daba en aquellos salmos y cómo me inflamaba en ti con ellos y me encendía en deseos de recitarlos, si me fuera posible, al mundo entero, contra la sóberbia del género humano! Aunque cierto es ya que en todo el mundo se cantan y que no hay nadie que se esconda de tu calor.

¡Con qué vehemente y agudo dolor me indignaba también contra los maniqueos, a los que compadecía grandemente, por ignorar aquellos misterios, aquellos medicamentos, y ensañarse contra el antídoto que podía sanarlos! Quisiera que hubiesen estado entonces en un lugar próximo y, sin saber yo que estaban allí, que hubieran visto mi rostro y oído mis clamores cuando leía el salmo 4 en aquella tranquilidad y los efectos saludables que en mí obraba este salmo: «Cuando yo te invoqué, tú me escuchaste, ¡oh Dios de mi justicia!, y en la tribulación me dilataste. Compadécete, Señor, de mí y escucha mi oración» (Sal 4,1). ¡Que me oyeran, digo —ignorando yo que me oían, para que no pensasen que lo decía por ellos—, las cosas que yo dije entre palabra y palabra; porque realmente ni yo habría dicho tales cosas, ni las habría dicho de este modo, en caso de sentirme visto y escuchado por ellos; ni, aunque las dijese, serían recibidas así, como hablando yo conmigo mismo y dirigiéndome a mí en tu presencia en íntima efusión de los afectos de mi alma.

Me horroricé de temor y a la vez me enardecí de esperanza y gozo en tu misericordia, ¡oh Padre! Y todas estas cosas se me salían por los ojos y por la voz al leer las palabras que tu Espíritu bueno, vuelto a nosotros, nos dice.

Así que cuando llegó el tiempo en que debíamos «dar el nombre», dejando la quinta, retornamos a Milán.

También Alipio quiso renacer en ti conmigo, revestido ya de la humildad conveniente a tus sacramentos, y tan fortísimo domador de su cuerpo, que se atrevió, sin tener costumbre de ello, a andar con los pies descalzos sobre el suelo glacial de Italia.

Asociamos también con nosotros al niño Adeodato, nacido carnalmente de mi pecado. Tú, sin embargo, le habías hecho bien. Tenía unos quince años; mas por su ingenio adelantaba a muchos varones graves y doctos. Éstos eran dones tuyos, te lo confieso, Señor y Dios mío, Creador de todas las cosas y muy poderoso para dar forma a todas nuestras deformidades, pues lo único mío en este niño, era el delito. Porque aun aquello mismo en que le instruíamos en tu disciplina, eras tú quien nos lo inspirabas, ningún otro; a ti te confieso tus dones.

Tú, que haces morar en una misma casa a los de un solo corazón, nos uniste también a Evodio, joven de nuestro municipio, quien, militando como «agente de negocios», antes que nosotros se había convertido a ti y se había bautizado y, abandonada la milicia del siglo, se había alistado en la tuya.

Estábamos juntos, y habríamos de juntos vivir en santa concordia. Buscábamos el lugar más adecuado para servirte, y juntos regresábamos al África. Mas he aquí que estando en Ostia Tiberina murió mi madre.

Muchas cosas paso por alto, porque voy muy de prisa. Recibe mis confesiones y acciones de gracias, Dios mío, por las innumerables cosas que paso en silencio. Mas no callaré lo que mi alma me sugiera de aquella, tu sierva, que me engendró en la carne para que naciera a la luz temporal, y en su corazón para que naciera a la luz eterna. No referiré yo sus dones, sino los tuyos en ella. Porque ni ella se hizo a sí misma ni a sí misma se había educado. Tú fuiste quien la creaste, pues ni su padre ni su madre sabían cómo saldría de ellos; la Vara de tu Cristo, el régimen de tu Único fue quien la instruyó en tu temor en una casa creyente, miembro bueno de tu Iglesia.

Así, pues, educada pudorosa y sobriamente, y sujeta más por ti a sus padres que por sus padres a ti, luego que llegó plenamente a la edad de casarse fue dada [en matrimonio] a un varón, a quien sirvió como a señor y se esforzó por ganarle para ti, hablándole de ti con sus costumbres, con las que la hacías hermosa y reverentemente amable y admirable ante sus ojos. De tal modo toleró las injurias de sus infidelidades, que jamás tuvo con él sobre este punto la menor riña, pues esperaba que tu misericordia vendría sobre él y, creyendo en ti, se haría casto.

Era éste, además, por una parte sumamente cariñoso, por otra extremadamente vehemente; mas ella tenía cuidado de no oponerse a su marido enfadado, no sólo con los hechos, pero ni aun con la menor palabra; y sólo cuando le veía ya tranquilo y sosegado, y lo juzgaba oportuno, le daba razón de lo que había hecho, si por casualidad se había enfadado más de lo justo.

Finalmente, cuando muchas señoras, que tenían maridos más mansos que ella, traían los rostros afeados con las señales de los golpes y comenzaban a murmurar de la conducta de ellos en sus charlas amigables, ella, achacándolo a su lengua, les advertía seriamente entre bromas que desde el punto que oyeron leer las tablas llamadas matrimoniales, debían haberlas considerado como un documento que las constituía en siervas de ellos; y así recordando esta condición suya, no debían ensoberbecerse contra sus señores. Y como ellas se admirasen, sabiendo lo feroz que era el marido que tenía, de que jamás se hubiese oído ni traslucido por ningún indicio que Patricio maltratase a su mujer, ni siquiera que un día hubiesen estado desavenidos con alguna discusión, y le pidiesen la razón de ello en el seno de la familiaridad, ella les enseñaba su modo de conducta, que es como dije arriba. Las que la imitaban experimentaban dichos efectos y le daban las gracias; las que no la seguían, estando esclavizadas, eran maltratadas.

Igualmente a esta tu buena sierva, en cuyas entrañas me criaste, ¡oh Dios mío, misericordia mía!, le habías otorgado este otro gran don: de mostrarse tan pacífica, siempre que podía, entre almas discordes y disidentes, cualesquiera que ellas fuesen, que con oír muchas cosas durísimas de una y otra parte, cuales suelen vomitar una hinchada e indigesta discordia, cuando ante la amiga presente desahoga la crudeza de sus odios en amarga conversación sobre la enemiga ausente, que no delataba nada a la una de la otra, sino aquello que podía servir para reconciliarlas.

Pequeño bien me parecería éste si una triste experiencia no me hubiera dado a conocer a muchísima gentes —por haberse extendido muchísimo esta no sé qué horrenda pestilencia de pecados— que no sólo descubren los dichos de enemigos airados a sus airados enemigos, sino que añaden, además, cosas que no se han dicho; cuando, al contrario, a un hombre que es humano deberá parecer poco el no excitar ni aumentar las enemistades de los hombres hablando mal, si antes no procura extinguirlas hablando bien. Tal era aquélla, adoctrinada por ti, maestro interior, en la escuela de su corazón.

Por último, consiguió también ganar para ti a su marido al fin de su vida, no teniendo que lamentar en él siendo fiel lo que había tolerado siendo infiel.

Estando ya inminente el día en que había de salir de esta vida —que tú, Señor, conocías, y nosotros ignorábamos—, sucedió a lo que yo creo, disponiéndolo tú por tus modos ocultos, que nos hallásemos solos yo y ella apoyados sobre una ventana, desde donde se contemplaba un huerto o jardín que había dentro de la casa, allí en Ostia Tiberina, donde, apartados de las turbas, después de las fatigas de un largo viaje, cogíamos fuerzas para la navegación.

Allí solos conversábamos dulcísimamente; y olvidando las cosas pasadas, ocupados en lo por venir, nos preguntábamos los dos, delante de la verdad presente, que eres tú, cuál sería la vida eterna de los santos, que ni el ojo vio, ni el oído oyó, ni el corazón del hombre concibió. Abríamos anhelosos la boca de nuestro corazón hacia aquellos raudales soberanos de tu fuente –de la fuente de vida que está en ti– para que, rociados según nuestra capacidad, nos formásemos de algún modo una idea de algo tan grande.

Y como llegara nuestro discurso a la conclusión de que cualquier deleite de los sentidos carnales, aunque sea el más grande, revestido del mayor esplendor corpóreo, ante el gozo de aquella vida no sólo no es digno de comparación, sino ni siquiera de ser mencionado, levantándonos con un afecto más ardiente hacia el que es siempre el mismo, recorrimos gradualmente todos los seres corpóreos, hasta el mismo cielo, desde donde el sol y la luna envían sus rayos a la tierra.

Y subimos todavía más arriba, pensando, hablando y admirando tus obras; y llegamos hasta nuestras almas y las sobrepasamos también, a fin de llegar a la región de la abundancia que no se agota, en donde tú apacientas a Israel eternamente con el pasto de la verdad, y la vida es la Sabiduría, por quien todas las cosas existen, tanto las ya creadas como las que han de ser, sin que ella lo sea por nadie; siendo ahora como fue antes y como será siempre, o más bien, sin que haya en ella *fue* ni *será*, sino sólo *es*, por ser eterna, porque lo que ha sido o será no es eterno.

Y mientras hablábamos y suspirábamos por ella, llegamos a tocarla un poco con todo el ímpetu de nuestro corazón; y suspirando y dejando allí prisioneras las primicias de nuestro espíritu, regresamos al estrépito de nuestra boca, donde el verbo humano tiene principio y fin, en nada semejante a tu Verbo, Señor nuestro, que permanece en sí sin envejecer, y renueva todas las cosas.

Y decíamos nosotros: «Si hubiera alguien en quien callase el tumulto de la carne; callasen las imágenes de la tierra, del agua y del aire; callasen los mismos cielos y aun callase el alma misma y se remontara sobre sí, no pensando en sí; si callasen los sueños y revelaciones imaginarias, y, finalmente, si callase por completo toda lengua, todo signo y todo cuanto se hace pasando —puesto que todas estas cosas dicen a quien les presta oído: "No nos hemos hecho a nosotras mismas, sino que nos ha hecho el que permanece eternamente—"; si, dicho esto, callasen, dirigiendo el oído hacia aquel que las ha hecho, y sólo él hablase, no por ellas, sino por sí mismo, de modo que oyesen su palabra, no por lengua de carne, ni por voz de ángel, ni por sonido de nubes, ni por enigmas de semejanza, sino que le oyéramos a él mismo, a quien amamos en estas cosas, a él mismo sin ellas, como al presente nos elevamos y tocamos rápidamente con el pensamiento la eterna Sabiduría, que permanece sobre todas las

cosas; si, por último, este estado se continuase y fuesen ale-
jadas de él las demás visiones de índole muy inferior, y esta
sola arrebatase, absorbiese y abismase en los gozos más íntimos a su contemplador, de modo que fuese la vida sempiterna cual fue este momento de intuición por el cual suspi-
ramos, ¿no sería esto el "Entra en el gozo de tu Señor"? Mas
¿cuándo será esto? ¿Acaso cuando todos resucitemos, bien
que no todos seamos tranformados?»

Tales cosas decía yo, aunque no de este modo ni con
estas palabras. Pero tú sabes, Señor, que en aquel día, mientras hablábamos de estas cosas —y a medida que hablábamos
nos parecía más vil este mundo con todos sus deleites—, ella
me dijo: «Hijo, por lo que a mí toca, nada me deleita ya en
esta vida. No sé ya qué hago en ella ni por qué estoy aquí,
muerta a toda esperanza del siglo. Una sola cosa había por
la que deseaba detenerme un poco en esta vida, y era verte
cristiano católico antes de morir. Superabundantemente me
ha concedido esto mi Dios, puesto que, despreciada la felicidad terrena, te veo siervo suyo. ¿Qué hago, pues, aquí?»

No recuerdo yo bien qué respondí a esto pero sí que apenas pasados cinco días, o no muchos más, cayó en cama con
fiebres. Y estando enferma tuvo un día un desmayo, quedando por un poco privada de los sentidos. Acudimos corriendo, pero pronto volvió en sí, y viéndonos presentes a mí y a
mi hermano, nos dijo, como quien pregunta algo: «Adónde
estaba?». Después, viéndonos atónitos de tristeza, nos dijo:
«Enterráis aquí a vuestra madre». Yo callaba y frenaba el llanto, mas mi hermano dijo no sé qué palabras, con las que
parecía desearle como cosa más feliz morir en la patria y no
en tierras tan lejanas. Al oírlo ella, lo reprendió con la mira-

da, con rostro afligido por pensar tales cosas; y mirándome después a mí, dijo: «Enterrad este cuerpo en cualquier parte, ni os preocupe más su cuidado; solamente os ruego que os acordéis de mí ante el altar del Señor doquiera que os hallareis». Y habiéndonos explicado esta determinación con las palabras que pudo, calló, y agravándose la enfermedad, entró en la agonía.

Mas yo, ¡oh Dios invisible!, meditando en los dones que tú infundes en el corazón de tus fieles y en los frutos admirables que de ellos nacen, me gozaba y te daba gracias recordando lo que sabía del gran cuidado que había tenido siempre de su sepulcro, adquirido y preparado junto al cuerpo de su marido. Porque así como había vivido con él concordísimamente, así quería también –cosa muy propia del alma humana menos deseosa de las cosas divinas– tener aquella dicha y que los hombres recordasen cómo, después de su viaje transmarino, se le había concedido la gracia de que una misma tierra cubriese el polvo conjunto de ambos cónyuges.

Ignoraba yo también cuándo esta vanidad había empezado a dejar de estar en su corazón, por la plenitud de tu bondad; me alegraba, sin embargo, admirando que se me hubiese mostrado así, aunque ya en aquel discurso nuestro, el de la ventana, me pareció que no deseaba morir en su patria al decir: «¿Qué hago ya aquí?». También oí después que, estando yo ausente, como cierto día conversase con unos amigos míos con maternal confianza sobre el desprecio de esta vida y el bien de la muerte, estando ya en Ostia, y maravillándose ellos de tal fortaleza en una mujer —porque tú se la habías dado—, le preguntasen si no temería dejar su cuerpo tan lejos de su ciudad, respondió: «Nada hay lejos para Dios, ni hay que temer que ignore al fin del mundo el lugar donde estoy para resucitarme».

Así, pues, a los nueve días de su enfermedad, a los cincuenta y seis años de su edad y treinta y tres de la mía, fue libertada del cuerpo aquella alma religiosa y pía.

Cerraba yo sus ojos, mas una tristeza inmensa afluía a mi corazón, y ya iba a resolverse en lágrimas, cuando al punto mis ojos, al violento imperio de mi alma, reabsorbían su fuente hasta secarla, padeciendo con tal lucha de modo imponderable. Entonces fue cuando, al dar el último suspiro, el niño Adeodato rompió a llorar a gritos; mas reprimido por todos nosotros, calló. De ese modo era también reprimido aquello que había en mí de pueril, y me provocaba al llanto, con la voz juvenil, la voz del corazón, y callaba. Porque juzgábamos que no era conveniente celebrar aquel entierro con quejas lastimeras y gemidos, con los cuales se suele frecuentemente llorar la miseria de los que mueren o su total extinción; y ella ni había muerto miserablemente ni había muerto del todo; de lo cual estábamos nosotros seguros por el testimonio de sus costumbres, por su fe no fingida y otros argumentos ciertos.

LIBRO DÉCIMO

❄

Conózcate a ti, Conocedor mío, conózcate a ti como soy conocido. Virtud de mi alma, entra en ella y ajústala a ti, para que la tengas y poseas sin mancha ni ruga.

Esta es mi esperanza, por eso hablo; y en esta esperanza me gozo cuando rectamente me gozo. Las demás cosas de esta vida, tanto menos se han de llorar cuanto más se las llora, y tanto más se han de llorar cuanto menos se las llora.

He aquí que amaste la verdad, porque el que la obra viene a la luz. Quiérola yo obrar en mi corazón, delante de ti por esta mi confesión y delante de muchos testigos por este mi escrito

No con conciencia dudosa, sino cierta, Señor, te amo yo. Heriste mi corazón con tu palabra y te amé. Mas también el cielo y la tierra y todo cuanto en ellos se contiene he aquí que me dicen de todas partes que te ame; ni cesan de decírselo a todos, a fin de que sean inexcusables. Sin embargo, tú te compadecerás más altamente de quien te compadecieres y prestarás más tu misericordia con quien fueses misericordioso: de otro modo, el cielo y la tierra cantarían tus alabanzas a sordos.

Y ¿qué es lo que amo cuando yo te amo? No belleza de cuerpo ni hermosura de tiempo, no blancura de luz, tan

amable a estos ojos terrenos; no dulces melodías de toda clase de cantilenas, no fragancia de flores, de ungüentos y de
aromas; no manás ni mieles, no miembros gratos a los am-
plexos de la carne: nada de esto amo cuando amo a mi Dios.
Y, sin embargo, amo cierta luz, y cierta voz, y cierta fragancia, y cierto alimento, y cierto amplexo, cuando amo a mi
Dios, luz, voz, fragancia, alimento y amplexo del hombre
mío interior, donde resplandece a mi alma lo que no se con-
sume comiendo, y se adhiere lo que la saciedad no separa.
Esto es lo que amo cuando amo a mi Dios.

Pero ¿y qué es entonces? Pregunté a la tierra y me dijo:
«No soy yo»; y todas las cosas que hay en ella me confesaron
lo mismo. Pregunté al mar y a los abismos y a los reptiles de
alma viva, y me respondieron: «No somos tu Dios; búscale
sobre nosotros.» Interrogué a las auras que respiramos, y el
aire todo, con sus moradores, me dijo: «Engáñase Anaxíme-
nes: yo no soy tu Dios.» Pregunté al cielo, al sol, a la luna y
a las estrellas. «Tampoco somos nosotros el Dios que bus-
cas», me respondieron.

Dije entonces a todas las cosas que están fuera de las
puertas de mi carne: «Decidme algo de mi Dios, ya que voso-
tras no lo sois; decidme algo de él.» Y exclamaron todas con
grande voz: «Él nos ha hecho.» Mi pregunta era mi mirada,
y su respuesta, su apariencia.

Entonces me dirigí a mí mismo y me dije: «¿Tú quién
eres?», y respondí: «Un hombre.» He aquí, pues, que tengo
en mí prestos un cuerpo y un alma; la una, interior; el otro,
exterior. ¿Por cuál de éstos es por donde debí yo buscar a mi
Dios, a quien ya había buscado por los cuerpos desde la tierra al cielo, hasta donde pude enviar los mensajeros rayos de

mis ojos? Mejor, sin duda, es el elemento interior, porque a él es a quien comunican sus noticias todos los mensajeros corporales, como a presidente y juez, de las respuestas del cielo, de la tierra y de todas las cosas que en ellos se encierran, cuando dicen: «No somos Dios» y «Él nos ha hecho». El hombre interior es quien conoce estas cosas por ministerio del exterior; yo interior conozco estas cosas; yo, Yo-Alma, por medio del sentido de mi cuerpo.

Interrogué, finalmente, a la mole del inundo acerca de mi Dios, y ella me respondió: «No lo soy yo, simple hechura suya.»

Pero ¿no se muestra esta hermosura a cuantos tienen entero el sentido? ¿Por qué, pues, no habla a todos lo mismo?

Los animales, pequeños y grandes, la ven; pero no pueden interrogarla, porque no se les ha puesto de presidente de los nunciadores sentidos a la razón que juzgue. Los hombres pueden, sí, interrogarla, por percibir por las cosas visibles las invisibles de Dios; más hácense esclavos de ellas por el amor, y, una vez esclavos, ya no pueden juzgar. Porque no responden éstas a los que interrogan, sino a los que juzgan; ni cambian de voz, esto es, de aspecto, si uno ve solamente, y otro, además de ver, interroga, de modo que aparezca a uno de una manera y a otro de otra; sino que, apareciendo a ambos, es muda para el uno y habladora para el otro, o mejor dicho, habla a todos, mas sólo aquellos la entienden que confieren su voz, recibida fuera, con la verdad interior. Porque la verdad me dice: «No es tu Dios el cielo, ni la tierra, ni cuerpo alguno.» Y esto mismo dice la naturaleza de éstos, a quienes advierte que la mole es menor en la parte que en el todo.

Por esta razón eres tú mejor que éstos; a ti te digo; ¡oh alma!, porque tú vivificas la mole de tu cuerpo prestándole vida, lo que ningún cuerpo puede prestar a otro cuerpo. Mas tu Dios es para ti hasta la vida de tu vida.

¿Qué es, por tanto, lo que amo cuando amo yo a mi Dios? ¿Y quién es él sino el que está sobre la cabeza de mi alma?

Por mi alma misma subiré, pues, a él. Traspasaré esta virtud mía por la que estoy unido al cuerpo y llena su organismo de vida, pues no hallo en ella a mi Dios. Porque, de hallarle, le hallarían también el caballo y el mulo, que no tienen inteligencia, y que, sin embargo, tienen esta misma virtud por la que viven igualmente sus cuerpos.

Hay otra virtud por la que no sólo vivifico, sino también sensifico a mi carne, y que el Señor me fabricó mandando al ojo que no oiga y al oído que no vea, sino a aquél que me sirva para ver, a éste para oír, y a cada uno de los otros sentidos lo que les es propio según su lugar y oficio; las cuales cosas, aunque diversas, las hago por su medio, yo un alma única.

Traspasaré aún esta virtud mía, porque también la poseen el caballo y el mulo, pues también ellos sienten por medio del cuerpo.

Traspasaré, pues, aun esta virtud de mi naturaleza, ascendiendo por grados hacia aquel que me hizo.

Mas heme ante los campos y anchos senos de la memoria donde están los tesoros de innumerables imágenes de toda clase de cosas acarreadas por los sentidos. Allí se halla escondido cuanto pensamos, ya aumentando, ya disminuyendo, ya variando de cualquier modo las cosas adquiridas por los sentidos, y todo cuanto se le ha encomendado y se halla allí depositado y no ha sido aún absorbido y sepultado por el olvido.

Cuando estoy allí pido que se me presente lo que quiero, y algunas cosas preséntanse al momento; pero otras hay que buscarlas con más tiempo y cómo sacarlas de unos receptáculos abstrusos; otras, en cambio, irrumpen en tropel, y cuando uno desea y busca otra cosa se ponen en medio, como diciendo: «¿No seremos nosotras?» Mas espántolas yo del haz de mi memoria con la mano del corazón, hasta que se esclarece lo que quiero y salta a mi vista de su escondrijo.

Otras cosas hay que fácilmente y por su orden riguroso se presentan, según son llamadas, y ceden su lugar a las que les siguen, y cediéndolo son depositadas, para salir cuando de nuevo se deseare. Lo cual sucede puntualmente cuando narro alguna cosa de memoria.

Allí se hallan también guardadas de modo distinto y por sus géneros todas las cosas que entraron por su propia puerta, como la luz, los colores y las formas de los cuerpos, por la vista; por el oído, toda clase de sonidos; y todos los olores por la puerta de las narices; y todos los sabores por la de la boca; y por el sentido que se extiende por todo el cuerpo (tacto), lo duro y lo blando, lo caliente y lo frío, lo suave y lo áspero, lo pesado y lo ligero, ya sea extrínseco, ya intrínseco al cuerpo. Todas estas cosas recibe, para recordarlas cuando fuere menester y volver sobre ellas, el gran receptáculo de la memoria, y no sé qué secretos e inefables senos suyos. Todas las cuales cosas entran en ella, cada una por su propia puerta, siendo almacenadas allí.

Ni son las mismas cosas las que entran, sino las imágenes de las cosas sentidas, las cuales quedan allí a disposición del pensamiento que las recuerda. Pero ¿quién podrá decir cómo fueron formadas estas imágenes, aunque sea claro por qué sentidos fueron captadas y escondidas en el interior? Porque, cuando estoy en silencio y en tinieblas, represéntome, si quiero, los colores, y distingo el blanco del negro, y todos los demás que quiero, sin que me salgan al encuentro los sonidos, ni me perturben lo que, extraído por los ojos, entonces considero, no obstante que ellos [los sonidos] estén allí, y como colocados aparte, permanezcan latentes. Porque también a ellos les llamo, si me place, y al punto se me presentan, y con la lengua queda y callada la garganta canto cuanto quiero, sin que las imágenes de los colores que se hallan allí se interpongan ni interrumpan mientras se revisa el tesoro que entró por los oídos

Del mismo modo recuerdo, según me place, las demás cosas aportadas y acumuladas por los otros sentidos, y así, sin oler nada, distingo el aroma de los lirios del de las violetas, y, sin gustar ni tocar cosa, sino sólo con el recuerdo, prefiero la miel al arrope y lo suave a lo áspero.

Todo esto lo hago yo interiormente en el aula inmensa de mi memoria. Allí se me ofrecen al punto el cielo y la tierra y el mar con todas las cosas que he percibido sensiblemente en ellos, a excepción de las que tengo ya olvidadas. Allí me encuentro con mí mismo y me acuerdo de mí y de lo que hice, y en qué tiempo y en qué lugar, y de qué modo y cómo estaba afectado cuando lo hacía. Allí están todas las cosas que yo recuerdo haber experimentado o creído. De este mismo tesoro salen las semejanzas tan diversas unas de otras, bien experimentadas, bien creídas en virtud de las experimentadas, las cuales, cotejándolas con las pasadas, infiero de ellas acciones futuras, acontecimientos y esperanzas, todo lo cual lo pienso como presente. «Haré esto o aquello», digo entre mí en el seno ingente de mi alma, repleto de imágenes de tantas y tan grandes cosas; y esto o aquello se sigue. «Oh, si sucediese esto o aquello.» «¡No quiera Dios esto o aquello!» Esto digo en mi interior, y al decirlo se me ofrecen al punto las imágenes de las cosas que digo de este tesoro de la memoria, porque si me faltasen, nada en absoluto podría decir de ellas .

Grande es esta virtud de la memoria, grande sobremanera, Dios mío, Penetral amplio e infinito. ¿Quién ha llegado a su fondo? Mas, con ser esta virtud propia de mi alma y pertenecer a mi naturaleza, no soy yo capaz de abarcar totalmente lo que soy. De donde se sigue que es angosta el alma para contenerse a sí misma. Pero ¿dónde puede estar lo que de sí misma no cabe en ella? ¿Acaso fuera de ella y no en ella? ¿Cómo es, pues, que no se puede abarcar?

Mucha admiración me causa esto y me llena de estupor. Viajan los hombres por admirar las alturas de los montes, y las ingentes olas del mar, y las anchurosas corrientes de los ríos, y la inmensidad del océano, y el giro de los astros, y se olvidan de sí mismos, ni se admiran de que todas estas cosas, que al nombrarlas no las veo con los ojos, no podría nombrarlas si interiormente no viese en mi memoria los montes, y las olas, y los ríos, y los astros, percibidos ocularmente, y el océano, sólo creído, con dimensiones tan grandes como si las viese fuera . Y, sin embargo, no es que haya absorbido tales cosas al verlas con los ojos del cuerpo, ni que ellas se hallen dentro de mí, sino sus imágenes. Lo único que sé es por qué sentido del cuerpo he recibido la impresión de cada una de ellas.

Pero no son estas cosas las únicas que encierra la inmensa capacidad de mi memoria. Aquí están como en un lugar interior remoto, que no es lugar, todas aquellas nociones aprendidas de las artes liberales, que todavía no se han olvidado. Mas aquí no son ya las imágenes de ellas las que llevo, sino las cosas mismas. Porque yo sé qué es la gramática, la pericia dialéctica, y cuántos los géneros de cuestiones; y lo que de estas cosas sé, está de tal modo en mi memoria que no está allí como la imagen suelta de una cosa, cuya realidad se ha dejado fuera; o como la voz impresa en el oído, que suena y pasa, dejando un rastro de sí por el que la recordamos como si sonara, aunque ya no suene; o como el perfume que pasa y se desvanece en el viento, que afecta al olfato y envía su imagen a la memoria, la que repetimos con el recuerdo; o como el manjar, que, no teniendo en el vientre ningún sabor ciertamente, parece lo tiene, sin embargo, en la memoria; o como algo que se siente por el tacto, que, aunque alejado de nosotros, lo imaginamos con la memoria. Porque todas estas cosas no son introducidas en la memoria, sino captadas solas sus imágenes con maravillosa rapidez y depositadas en unas maravillosas como celdas, de las cuales salen de modo maravilloso cuando se las recuerda.

Pero cuando oigo decir que son tres los géneros de cuestiones —si la cosa es, qué es y cuál es—, retengo las imágenes de los sonidos de que se componen estas palabras, y sé que pasaron por el aire con estrépito y ya no existen. Pero las cosas mismas significadas por estos sonidos ni las he tocado jamás con ningún sentido del cuerpo, ni las he visto en ninguna parte fuera de mi alma, ni lo que he depositado en mi memoria son sus imágenes, sino las cosas mismas. Las cuales digan, si pueden, por dónde entraron en mí. Porque yo recorro todas las puertas de mi carne y no hallo por cuál de ellas han podido entrar. En efecto, los ojos dicen: «Si son coloradas, nosotros somos los que las hemos noticiado.» Los oídos dicen: «Si hicieron algún sonido, nosotros las hemos indicado.» El olfato dice: «Si son olorosas, por aquí han pasado.» El gusto dice también: «Si no tienen sabor, no me preguntéis por ellas.» El tacto dice: «Si no es cosa corpulenta, yo no la he tocado, y si no la he tocado, no he dado noticia de ella.»

¿Por dónde, pues, y por qué parte han entrado en mi memoria? No lo sé. Porque cuando las aprendí, ni fue dando crédito a otros, sino que las reconocí en mi alma y las aprobé por verdaderas y se las encomendé a ésta, como en depósito, para sacarlas cuando quisiera. Allí estaban, pues, y aun antes de que yo las aprendiese; pero no en la memoria. ¿En dónde, pues, o por qué, al ser nombradas, las reconocí y dije: «Así es, es verdad», sino porque ya estaban en mi memoria, aunque tan retiradas y sepultadas como si estuvieran en cuevas muy ocultas, y tanto que, si alguno no las suscitara para que saliesen, tal vez no las hubiera podido pensar?

Por aquí descubrimos que aprender estas cosas —de las que no recibimos imágenes por los sentidos, sino que, sin imágenes, como ellas son, las vemos interiormente en sí mismas— no es otra cosa sino un como recoger con el pensamiento las cosas que ya contenía la memoria aquí y allí y confusamente, y cuidar con la atención que estén como puestas a la mano en la memoria, para que, donde antes se ocultaban dispersas y descuidadas, se presenten ya fácilmente a una atención familiar. ¡Y cuántas cosas de este orden no encierra mi memoria que han sido ya descubiertas y, conforme dije, puestas como a la mano, que decimos haber aprendido y conocido! Estas mismas cosas, si las dejo de recordar de tiempo en tiempo, de tal modo vuelven a sumergirse y sepultarse en sus más ocultos penetrales, que es preciso, como si fuesen nuevas, excogitarlas por segunda vez en este lugar —porque no tienen otra estancia— y juntarlas de nuevo para que puedan ser sabidas, esto es, recogerlas como de cierta dispersión, de donde vino la palabra *cogitare*; porque *cogo* es respecto de *cogito* lo que *ago* de *agito*, y *facio* de *factito*. Sin embargo, la inteligencia ha vindicado en propiedad esta palabra para sí, de tal modo que ya no se diga propiamente *cogitari* de lo que se recoge (*colligitur*), esto es, de lo que se junta (*cogitur*) en un lugar cualquiera, sino en el alma.

También contiene la memoria las razones y leyes infinitas de los números y dimensiones, ninguna de las cuales ha sido impresa en ella por los sentidos del cuerpo, por no ser coloradas, ni tener sonido ni olor, ni haber sido gustadas ni tocadas. Oí los sonidos de las palabras con que fueron significadas cuando se disputaba de ellas; pero una cosa son aquellos, otra muy distinta éstas. Porque aquellos suenan de un modo en griego y de otro modo en latín; mas éstas ni son griegas, ni latinas, ni de ninguna otra lengua.

He visto líneas trazadas por arquitectos tan sumamente tenues como un hilo de araña. Mas aquéllas [las matemáticas] son distintas de éstas, pues no son imágenes de las que me entran por los ojos de la carne, y sólo las conoce quien interiormente las reconoce sin mediación de pensamiento alguno corpóreo.

También he percibido por todos los sentidos del cuerpo los números que numeramos; pero otros muy diferentes son aquellos con que numeramos, los cuales no son imágenes de éstos, poseyendo por lo mismo un ser mucho más excelente. Ríase de mí, al decir estas cosas, quien no las vea, que yo tendré compasión de quien se ría de mí.

Todas estas cosas téngolas yo en la memoria, como tengo en la memoria el modo como las aprendí. También tengo en ella muchas objeciones que he oído aducir falsísimamente en las disputas contra ellas, las cuales, aunque falsas, no es falso, sin embargo, el haberlas recordado y haber hecho distinción entre aquéllas, verdaderas, y éstas, falsas, aducidas en contra. También retengo esto en la memoria, y veo que una cosa es la distinción que yo hago al presente y otra el recordar haber hecho muchas veces tal distinción, tantas cuantas pensé en ellas. En efecto, yo recuerdo haber entendido esto muchas veces, y lo que ahora discierno y entiendo lo deposito también en la memoria, para que después recuerde haberlo entendido al presente. Finalmente, me acuerdo de haberme acordado; como después, si recordare lo que ahora he podido recordar, ciertamente lo recordaré por virtud de la memoria.

Igualmente se hallan las afecciones de mi alma en la memoria, no del modo como están en el alma cuando las padece, sino de otro muy distinto, como se tiene la virtud de la memoria respecto de sí. Porque, no estando alegre, recuerdo haberme alegrado; y no estando triste, recuerdo mi tristeza pasada; y no teniendo nada, recuerdo haber temido alguna vez; y no codiciando nada, haber codiciado en otro tiempo. Y al contrario, otras veces, estando alegre, me acuerdo de mi tristeza pasada, y estando triste, de la alegría que tuve. Lo cual no es de admirar respecto del cuerpo, porque una cosa es el alma y otra el cuerpo; y así no es maravilla que, estando yo gozando en el alma, me acuerde del pasado dolor del cuerpo.

Pero aquí, siendo la memoria parte del alma—pues cuando mandamos retener algo de memoria, decimos: «Mira que lo tengas en el alma», y cuando nos olvidamos de algo, decimos: «No estuvo en mi alma» y «Se me fue del alma», denominando alma a la memoria misma—, siendo esto así, digo, ¿en qué consiste que, cuando recuerdo alegre mi pasada tristeza, mi alma siente alegría y mi memoria tristeza, estando mi alma alegre por la alegría que hay en ella, sin que esté triste la memoria por la tristeza que hay en ella? ¿Por ventura no pertenece al alma? ¿Quién osará decirlo? ¿Es acaso la memoria como el vientre del alma, y la alegría y tristeza como un manjar, dulce o amargo; y que una vez encomendadas a la memoria son como las cosas transmitidas al vientre, que pueden ser guardadas allí, mas no gustadas? Ridículo sería asemejar estas cosas con aquéllas; sin embargo, no son del todo desemejantes.

Mas he aquí que, cuando digo que son cuatro las perturbaciones del alma: deseo, alegría, miedo y tristeza, de la memoria lo saco; y cuanto sobre ellas pudiera disputar, dividiendo cada una en particular en las especies de sus géneros respectivos y definiéndolas, allí hallo lo que he de decir y de allí lo saco, sin que cuando las conmemoro recordándolas sea perturbado con ninguna de dichas perturbaciones; y ciertamente, allí estaban antes que yo las recordase y volviese sobre ellas; por eso pudieron ser tomadas de allí mediante el recuerdo. ¿Quizá, pues, son sacadas de la memoria estas cosas recordándolas, como del vientre el manjar rumiando? Mas entonces, ¿por qué no se siente en la boca del pensamiento del que disputa, esto es, de quien las recuerda, la dulzura de la alegría o la amargura de la tristeza? ¿Acaso es porque la comparación que hemos puesto, no semejante en todo, es precisamente desemejante en esto? Porque ¿quién querría hablar de tales cosas si cuantas veces nombramos el miedo o la tristeza nos viésemos obligados a padecer tristeza o temor?

Y, sin embargo, ciertamente no podríamos nombrar estas cosas si no hallásemos en nuestra memoria no sólo los sonidos de los nombres según las imágenes impresas en ella por los sentidos del cuerpo, sino también las nociones de las cosas mismas, las cuales no hemos recibido por ninguna puerta de la carne, sino que la misma alma, sintiéndolas por la experiencia de sus pasiones, las encomendó a la memoria, o bien ésta misma, sin haberle sido encomendadas, las retuvo para sí.

Mas, si es por medio de imágenes o no, ¿quién lo podrá fácilmente decir? En efecto: nombro la piedra, nombro el sol, y no estando estas cosas presentes en mis sentidos, están ciertamente presentes en mi memoria sus imágenes.

Nombro el dolor del cuerpo, que no se halla presente en mí, porque no me duele nada, y, sin embargo, si su imagen no estuviera en mi memoria, no sabría lo que decía, ni en las disputas sabría distinguirle del deleite.

Nombro la salud del cuerpo, estando sano de cuerpo: en este caso tengo presente la cosa misma; sin embargo, si su imagen no estuviese en mi memoria, de ningún modo recordaría lo que quiere significar el sonido de este nombre; ni los enfermos, nombrada la salud, entenderían qué era lo que se les decía, si no tuviesen en la memoria su imagen, aunque la realidad de ella esté lejos de sus cuerpos.

Nombro los números con que contamos, y he aquí que ya están en mi memoria, no sus imágenes, sino ellos mismos.

Nombro la imagen del sol, y preséntase ésta en mi memoria, mas lo que recuerdo no es una imagen de su imagen, sino esta misma, la cual se me presenta cuando la recuerdo.

Nombro la memoria y conozco lo que nombro; pero ¿dónde lo conozco, si no es en la memoria misma? ¿Acaso también ella está presente a sí misma por medio de su imagen y no por sí misma?

¿Y qué cuando nombro el olvido y al mismo tiempo conozco lo que nombro? ¿De dónde podría conocerlo yo si no lo recordase? No hablo del sonido de esta palabra, sino de la cosa que significa, la cual, si la hubiese olvidado, no podría saber el valor de tal sonido. Cuando, pues, me acuerdo de la memoria, la misma memoria es la que se me presenta y a sí por sí misma; mas cuando recuerdo el olvido, preséntanseme la memoria y el olvido: la memoria con que me acuerdo y el olvido de que me acuerdo.

Pero ¿qué es el olvido sino privación de memoria? Pues ¿cómo está presente en la memoria para acordarme de él, siendo así que estando presente no puedo recordarle? Mas si, es cierto que lo que recordamos lo retenemos en la memoria, y que, si no recordásemos el olvido, de ningún modo podríamos, al oír su nombre, saber lo que por él se significa, síguese que la memoria retiene el olvido. Luego está presente para que no olvidemos la cosa que olvidamos cuando se presenta. ¿Deduciremos de esto que cuando lo recordamos no está presente en la memoria por sí mismo, sino por su imagen, puesto que, si estuviese presente por sí mismo, el olvido no haría que nos acordásemos, sino que nos olvidásemos? Mas al fin, ¿quién podrá indagar esto? ¿Quién comprenderá su modo de ser?

Ciertamente, Señor, trabajo en ello y trabajo en mí mismo, y me he hecho a mí mismo tierra de dificultad y de excesivo sudor. Porque no exploramos ahora las regiones del cielo, ni medimos las distancias de los astros, ni buscamos los cimientos de la tierra; soy yo el que recuerdo, yo el alma. No es gran maravilla si digo que está lejos de mí cuanto no soy yo; en cambio, ¿qué cosa más cerca de mí que yo mismo? Con todo, he aquí que, no siendo este «mí» cosa distinta de mi memoria, no comprendo la fuerza de ésta.

Pues ¿qué diré, cuando de cierto estoy que yo recuerdo el olvido? ¿Diré acaso que no está en mi memoria lo que recuerdo? ¿O tal vez habré de decir que el olvido está en mi memoria para que no me olvide? Ambas cosas son absurdísimas. ¿Qué decir de lo tercero? Mas ¿con qué fundamento podré decir que mi memoria retiene las imágenes del olvido, no el mismo olvido, cuando lo recuerda? ¿Con qué fundamento, repito, podré decir esto, siendo así que cuando se imprime la imagen de alguna cosa en la memoria es necesario que primeramente esté presente la misma cosa, para que con ella pueda grabarse su imagen? Porque así es como me acuerdo de Cartago y así de todos los demás lugares en que he estado; así del rostro de los hombres que he visto y de las noticias de los demás sentidos; así de la salud o dolor del cuerpo mismo; las cuales cosas, cuando estaban presentes, tomó de ellas sus imágenes la memoria, para que, mirándolas yo presentes, las repasase en mi alma cuando me acordase de dichas cosas estando ausentes.

Ahora bien, si el olvido está en la memoria en imagen no

por sí mismo, es evidente que tuvo que estar éste presente. para que fuese abstraída su imagen. Mas cuando estaba presente, ¿cómo esculpía en la memoria su imagen, siendo así que el olvido borra con su presencia lo ya delineado? Y, sin embargo, de cualquier modo que ello sea—aunque este modo sea incomprensible e inefable—, yo estoy cierto que recuerdo el olvido mismo con que se sepulta lo que recordamos.

Grande es la virtud de la memoria y algo que me causa horror, Dios mío: multiplicidad infinita y profunda. Y esto es el alma y esto soy yo mismo. ¿Qué soy, pues, Dios mío? ¿Qué naturaleza soy? Vida varia y multiforme y sobremanera inmensa. Vedme aquí en los campos y antros e innumerables cavernas de mi memoria, llenas innumerablemente de géneros innumerables de cosas, ya por sus imágenes, como las de todos los cuerpos; ya por presencia, como las de las artes; ya por no sé qué nociones o notaciones, como las de los afectos del alma, las cuales, aunque el alma no las padezca, las tiene la memoria, por estar en el alma cuanto está en la memoria. Por todas estas cosas discurro y vuelo de aquí para allá y penetro cuando puedo, sin que dé con el fin en ninguna parte. ¡Tanta es la virtud de la memoria, tanta es la virtud de la vida en un hombre que vive mortalmente!

¿Qué haré, pues, oh tú, vida mía verdadera, Dios mío? ¿Traspasaré también esta virtud mía que se llama memoria? ¿La traspasaré para llegar a ti, luz dulcísima? ¿Qué dices? He aquí que ascendiendo por el alma hacia ti, que estás encima de mí, traspasaré también esta facultad mía que se llama memoria, queriendo tocarte por donde puedes ser tocado y adherirme a ti por donde puedes ser adherido. Porque también las bestias y las aves tienen memoria, puesto que de otro modo no volverían a sus madrigueras y nidos, ni harían otras muchas cosas a las que se acostumbran, pues ni aun acostumbrarse pudieran a ninguna si no fuera por la memoria. Traspasaré, pues, aun la memoria para llegar a aquel que me separó de los cuadrúpedos y me hizo más sabio que las aves del cielo; traspasaré, sí, la memoria. Pero ¿dónde te hallaré, ¡oh, tú, verdaderamente bueno y suavidad segura!, dónde te hallaré? Porque si te hallo fuera de mi memoria, olvidado me he de ti, y si no me acuerdo de ti, ¿cómo ya te podré hallar?

Perdió la mujer la dracma y la buscó con la linterna; mas si no la hubiese recordado, no la hallara tampoco; porque si no se acordara de ella, ¿cómo podría saber, al hallarla, que era la misma?

Yo recuerdo también haber buscado y hallado muchas cosas perdidas; y sé esto porque cuando buscaba alguna de ellas y se me decía: «¿Es por fortuna esto?», «¿Es acaso aquello?», siempre decía que «no», hasta que se me ofrecía la que buscaba, de la cual, si yo no me acordara, fuese la que fuese, aunque se me ofreciera, no la hallara, porque no la reconociera. Y siempre que perdemos y hallamos algo sucede lo mismo.

Sin embargo, si alguna cosa desaparece de la vista por casualidad —no de la memoria—, como sucede con un cuerpo cualquiera visible, consérvase interiormente su imagen y se busca aquél hasta que es devuelto a la vista; el cual, al ser hallado, es reconocido por la imagen que llevamos dentro. Ni decimos haber hallado lo que había perecido si no lo reconocemos, ni lo podemos reconocer si no lo recordamos; pero esto, aunque ciertamente había perecido para los ojos, mas era retenido en la memoria.

¿Y qué cuando es la misma memoria la que pierde algo, como sucede cuando olvidamos alguna cosa y la buscamos para recordarla? ¿Dónde al fin la buscamos sino en la misma memoria? Y si por casualidad aquí se ofrece una cosa por otra, la rechazamos hasta que se presenta lo que buscamos. Y cuando se presenta decimos: «Esto es»; lo cual no dijéramos si no la reconociéramos, ni la reconoceríamos si no la recordásemos. Ciertamente, pues, la habíamos olvidado. ¿Acaso era que no había desaparecido del todo, y por la parte que era retenida buscaba la otra parte? Porque sentíase la memoria no revolver conjuntamente las cosas que antes conjuntamente solía, y como cojeando por la truncada costumbre, pedía que se le volviese lo que la faltaba: algo así como cuando vemos o pensamos en un hombre conocido, y, olvidados de su nombre, nos ponemos a buscarle, a quien no le aplicamos cualquier otro distinto que se nos ofrezca, porque no tenemos costumbre de pensarle con él, por lo que los rechazamos todos hasta que se presenta aquel con que, por ser el acostumbrado y conocido, descansamos plenamente.

Mas éste, ¿de dónde se me presenta sino de la memoria misma? Porque si alguno nos lo advierte, el reconocerlo de aquí viene. Porque no lo aceptamos como cosa nueva, sino que, recordándolo, aprobamos ser lo que se nos ha dicho, ya que, si se borrase plenamente del alma, ni aun advertidos lo recordaríamos.

No se puede, pues, decir que nos olvidamos totalmente, puesto que nos acordamos al menos de habernos olvidado y de ningún modo podríamos buscar lo perdido que absolutamente hemos olvidado .

¿Y a ti, Señor, de qué modo te puedo buscar? Porque

cuando te busco a ti, Dios mío, la vida bienaventurada busco. Búsquete yo para que viva mi alma, porque si mi cuerpo vive de mi alma, mi alma vive de ti ¿Cómo, pues, busco la vida bienaventurada —porque no la poseeré hasta que diga «Basta» allí donde conviene que lo diga—, cómo la busco, pues? ¿Acaso por medio de la reminiscencia, como si la hubiera olvidado, pero conservado el recuerdo del olvido? ¿O tal vez por el deseo de saber una cosa ignorada, sea por no haberla conocido, sea por haberla olvidado hasta el punto de olvidarme de haberme olvidado?

¡Pero acaso río es la vida bienaventurada la que todos apetecen, sin que haya ninguno que no la desee? Pues ¿dónde la conocieron para así quererla? ¿Dónde la vieron para amarla? Ciertamente que tenemos su imagen no sé de qué modo. Mas es diverso el modo de serlo el que es feliz por poseer realmente aquélla y los que son felices en esperanza. Sin duda que éstos la poseen de modo inferior a aquellos que son felices en realidad; con todo, son mejores que aquellos otros que ni en realidad ni en esperanza son felices; los cuales, sin embargo, no desearan tanto ser felices si no la poseyeran de algún modo; y que lo desean es certísimo. Yo no sé cómo lo han conocido y, consiguientemente, ignoro en qué noción la poseen, sobre la cual deseo ardientemente saber si reside en la memoria; porque se está en ésta, ya fuimos en algún tiempo felices: ahora, si todos individualmente o en aquel hombre que primero pecó, y en el cual todos morimos y de quien todos hemos nacido con miseria, no me preocupa por el momento, sino lo que me interesa saber es si la vida bienaventurada está en la memoria; porque ciertamente que no la amaríamos si no la conociéramos. Oímos este nombre y todos confesamos que apetecemos la cosa misma; porque no es el sonido lo que nos deleita, ya que éste, cuando lo oye en latín un griego, no le causa ningún deleite, por ignorar su significado; en cambio, nos lo causa a nosotros —como se lo causaría también a aquél si se la nombrasen en griego—, porque la cosa misma ni es griega ni latina, y ésta es la que desean poseer griegos y latinos, y los hombres de todas las lenguas.

Luego es de todos conocida aquélla; y si pudiesen ser interrogados «si querían ser felices», todos a una responderían sin vacilaciones que querían serlo. Lo cual no podría ser si la cosa misma, cuyo nombre es éste, no estuviese en su memoria.

¿Acaso está así como recuerda a Cartago quien la ha visto? No; porque la vida bienaventurada no se ve con los ojos, porque no es cuerpo. ¿Acaso como recordamos los números? No; porque el que tiene noticia de éstos no desea ya alcanzarlos; en cambio, la vida bienaventurada, aunque la tenemos en conocimiento y por eso la amamos, con todo, la deseamos alcanzar, a fin de ser felices.

¿Tal vez como recordamos la elocuencia? Tampoco; porque aunque al oír este nombre se acuerdan de su realidad aquellos que aún no son elocuentes —y son muchos los que desean serlo, por donde se ve que tienen noticia de ella—, sin embargo, esta noticia les ha venido por los sentidos del cuerpo, viendo a otros elocuentes, y deleitándose con ellos, y deseando ser como ellos, aunque ciertamente no se deleitaran si no fuera por la noticia interior que tienen de ella, ni desearan esto si no se hubiesen deleitado; y la vida bienaventurada no la hemos experimentado en otros por ningún sentido.

¿Será por ventura como cuando recordamos el gozo? Tal vez sea así. Porque así como estando triste recuerdo mi gozo pasado, así siendo miserable recuerdo la vida bienaventurada; por otra parte, por ningún sentido del cuerpo he visto, ni oído, ni olfateado, ni gustado, ni tocado jamás el gozo, sino que lo he experimentado en mi alma cuando he estado alegre, y se adhirió su noticia a mi memoria para que pudiera recordarle, unas veces con desprecio, otras con deseo, según los diferentes objetos del mismo de que recuerdo haberme gozado.

Porque también me sentí en algún tiempo inundado de gozo de cosas torpes, recordando el cual ahora lo detesto y execro, así como otras veces de cosas honestas y buenas, el cual lo recuerdo deseándolo; aunque tal vez uno y otro estén ausentes, y por eso recuerde estando triste el pasado gozo.

Pues ¿dónde y cuándo he experimentado yo mi vida bienaventurada, para que la recuerde, la ame y la desee? Porque no sólo yo, o yo con unos pocos, sino todos absolutamente quieren ser felices, lo cual no deseáramos con tan cierta voluntad si no tuviéramos de ella noticia cierta.

Pero ¿en qué consiste que si se pregunta a dos individuos si quieren ser militares, tal vez uno de ellos responda que quiere y el otro que no quiere, y, en cambio, si se les pregunta a ambos si quieren ser felices, uno y otro al punto y sin vacilación alguna respondan que lo quieren y que no por otro fin que por ser felices quiere el uno la milicia y el otro no la quiere? ¿No será tal vez porque el uno se goza en una cosa y el otro en otra? De este modo concuerdan todos en querer ser felices, como concordarían, si fuesen preguntados de ello, en querer gozar, gozo al cual llaman vida bienaventurada. Y así, aunque uno la alcance por un camino y otro por otro, uno es, sin embargo, el término adonde todos se empeñan por llegar: gozar. Lo cual, por ser cosa que ninguno puede decir que no ha experimentado, cuando oye el nombre de «vida bienaventurada», hallándola en la memoria, la reconoce.

Lejos, Señor, lejos del corazón de tu siervo, que se confiesa a ti, lejos de mí juzgarme feliz por cualquier gozo que disfrute. Porque hay gozo que no se da a los impíos, sino a los que generosamente te sirven, cuyo gozo eres tú mismo. Y la misma vida bienaventurada no es otra cosa que gozar de ti, para ti y por ti: ésa es y no otra. Mas los que piensan que es otra, otro es también el gozo que persiguen, aunque no el verdadero. Sin embargo, su voluntad no se aparta de cierta imagen de gozo.

No es, pues, cierto que todos quieran ser felices, porque los que no quieren gozar de ti, que eres la única vida feliz, no quieren realmente la vida feliz. ¿O es acaso que todos la quieren, pero como la carne apetece contra el espíritu y el espíritu contra la carne para que no hagan lo que quieren, caen sobre lo que pueden y con ello se contentan, porque aquello que no pueden no lo quieren tanto cuanto es menester para poderlo?

Porque, si yo pregunto a todos si por ventura querrían gozarse más de la verdad que de la falsedad, tan no dudarían en decir que querrían más de la verdad cuanto no dudan en decir que quieren ser felices. La vida feliz es, pues, gozo de la verdad, porque este gozo de ti, que eres la verdad, ¡oh Dios, luz mía, salud de mi rostro, Dios mío! Todos desean esta vida feliz todos quieren esta vida, la sola feliz; todos quieren el gozo de la verdad.

Muchos he tratado a quienes gusta engañar; pero que quieran ser engañados, a ninguno. ¿Dónde conocieron, pues, esta vida feliz sino allí donde conocieron la verdad? Porque también aman a ésta por no querer ser engañados, y cuando aman la vida feliz, que no es otra cosa que gozo de la verdad, ciertamente aman la verdad; mas no la amaran si no hubiera en su memoria noticia alguna de ella. ¿Por qué, pues, no se gozan de ella? ¿Por qué no son felices? Porque se ocupan más intensamente en otras cosas que les hacen más bien miserables que felices con aquello que débilmente recuerdan.

Pues todavía hay un poco de luz en los hombres: caminen, caminen; no se les echen encima las tinieblas.

Pero ¿por qué «la verdad pare el odio» y se les hace enemigo tu hombre, que les predica la verdad, amando como aman la vida feliz, que no es otra cosa que gozo de la verdad? No por otra cosa sino porque de tal modo se ama la verdad, que quienes aman otra cosa que ella quisieran que esto que aman fuese la verdad. Y como no quieren ser engañados, tampoco quieren ser convictos de error; y así, odian la verdad por causa de aquello mismo que aman en lugar de la verdad. Ámanla cuando brilla, ódianla cuando les reprende; y porque no quieren ser engañados y gustan de engañar, ámanla cuando se descubre a sí y ódianla cuando les descubre a ellos. Pero ella les dará su merecido, descubriéndolos contra su voluntad; ellos, que no quieren ser descubiertos por ella, sin que a su vez ésta se les manifieste.

Así, así, aun así el alma humana, aun así ciega y lánguida, torpe e indecente, quiere estar oculta, no obstante que no quiera que se le oculte nada. Mas lo que le sucederá es que ella quedará descubierta ante la verdad sin que ésta se descubra a ella. Pero aun así, miserable como es, quiere más gozarse con las cosas verdaderas que en las falsas.

Bienaventurado será, pues, si libre de toda molestia se alegrase de sola la verdad, por quien son verdaderas todas las cosas.

Ved aquí cuánto me he extendido por mi memoria buscándote a ti, Señor, y no te hallé fuera de ella. Porque, desde que te conocí no he hallado nada de ti de que no me haya acordado; pues desde que te conocí no me he olvidado de ti. Porque allí donde hallé la verdad, allí hallé a mi Dios, la misma verdad, la cual no he olvidado desde que la aprendí. Así, pues, desde que te conocí, permaneces en mi memoria y aquí te hallo cuando me acuerdo de ti y me deleito en ti. Éstas son las santas delicias mías que tú me donaste por tu misericordia, poniendo los ojos en mi pobreza.

Pero ¿en dónde permaneces en mi memoria, Señor; en dónde permaneces en ella? ¿Qué habitáculo te has construido para ti en ella? ¿Qué santuario te has edificado? Tú has otorgado a mi memoria este honor de permanecer en ella; mas en qué parte de ella permaneces es de lo que ahora voy a tratar.

Porque cuando te recordaba, por no hallarte entre las imágenes de las cosas corpóreas, traspasé aquellas sus partes que tienen también las bestias, y llegué a aquellas otras partes suyas en donde tengo depositadas las afecciones del alma, que tiene en mi memoria— porque también el alma se acuerda de sí misma—, y ni aun aquí estabas tú; porque así como no eres imagen corporal ni afección vital, como es la que se siente cuando nos alegramos, entristecemos, deseamos, tememos, recordamos, olvidamos y demás cosas por el estilo, así tampoco eres alma, porque tú eres el Señor Dios del alma, y todas estas cosas se mudan, mientras que tú permaneces inconmutable sobre todas las cosas, habiéndote dignado habitar en mi memoria desde que te conocí.

Mas ¿por qué busco el lugar de ella en que habitas, como si hubiera lugares allí? Ciertamente habitas en ella, porque me acuerdo de ti desde que te conocí, y en ella te hallo cuando te recuerdo.

Pues ¿dónde te hallé para conocerte —porque ciertamente no estabas en mi memoria antes que te conociese—, dónde te hallé, pues, para conocerte, sino en ti sobre mí? No hay absolutamente lugar, y nos apartamos y nos acercamos, y, no obstante, no hay absolutamente lugar. ¡ Oh Verdad!, tú presides en todas partes a todos los que te consultan, y a un tiempo respondes a todos los que te consultan, aunque sean cosas diversas. Claramente tú respondes, pero no todos oyen claramente. Todos te consultan sobre lo que quieren, mas no todos oyen siempre lo que quieren. Óptimo ministro tuyo es el que no atiende tanto a oír de ti lo que él quisiera cuanto a querer aquello que de ti oyere.

¡Tarde te amé, hermosura tan antigua y tan nueva, tarde te amé! Y he aquí que tú estabas dentro de mí y yo fuera, y por fuera te buscaba; y deforme como era, me lanzaba sobre estas cosas hermosas que tú creaste. Tú estabas conmigo, mas yo no lo estaba contigo. Reteníanme lejos de ti aquellas cosas que, si no estuviesen en ti, no serían. Llamaste y clamaste, y rompiste mi sordera; brillaste y resplandeciste, y fugaste mi ceguera; exhalaste tu perfume y respiré, y suspiro por ti; gusté de ti, y siento hambre y sed, me tocaste, y abraséme en tu paz.

¡Dónde tú no caminaste conmigo, ¡oh Verdad!, enseñándome lo que debo evitar y lo que debo apetecer, al tiempo de referirte mis puntos de vista interiores, los que pude, y de los que te pedía consejo? Recorrí el mundo exterior con el sentido, según me fue posible, y paré mientes en la vida de mi cuerpo que recibe de mí y de mis sentidos. Después entré en los ocultos senos de mi memoria, múltiples latitudes llenas de innumerables riquezas por modos maravillosos, los cuales consideré y quedé espantado, y de todas ellas no pude discernir nada sin ti; mas hallé que nada de todas estas cosas eras tú. Ni yo mismo, el descubridor, que las recorrí todas ellas y me esforcé por distinguirlas y valorarlas según su excelencia, recibiendo unas por medio de los sentidos e interrogándolas, sintiendo otras mezcladas conmigo, discerniendo y dinumerando los mismos sentidos tranmisores, y dejando aquéllas y sacando las otras; ni yo mismo —digo—, cuando hacía esto, o más bien la facultad mía con que lo hacía, ni aun esta misma eras tú, porque tú eras la luz indeficiente a la que yo consultaba sobre todas las cosas: si eran, qué eran y en cuánto se debian tener; y de ella oía lo que me enseñabas y ordenabas. Y esto lo hago yo ahora muchas veces, y esto es mi deleite; y siempre que puedo desentenderme de los quehaceres forzosos, me refugio en este placer.

Mas en ninguna de estas cosas que recorro, consultándote a ti, hallo lugar seguro para mi alma sino en ti, en quien se recogen todas mis cosas dispersas, sin que se aparte nada de mí.

Algunas veces me introduces en un afecto muy inusitado, en una no sé qué dulzura interior, que si se completase en mí, no sé ya qué será lo que no es esta vida. Pero con el peso de mis miserias vuelvo a caer en estas cosas terrenas y a ser reabsorbido por las cosas acostumbradas, quedando cautivo en ellas. Mucho lloro, pero mucho más soy detenido por ellas. ¡Tanto es el poder de la costumbre! Aquí puedo estar y no quiero; allí quiero y no puedo. Infeliz en ambos casos.

Por eso consideré las enfermedades de mis pecados en su triple concupiscencia e invoqué tu diestra para mi salud. Porque vi tu esplendor con corazón enfermo, y, repelido, dije: «¿Quién podrá llegar allí? Arrojado he sido de la faz de tus ojos.» Tú eres la verdad que preside sobre todas las cosas. Mas yo, por mi avaricia, no quise perderte, sino que quise poseer contigo la mentira; del mismo modo que nadie quiere decir la mentira hasta el punto que ignore lo que es la verdad. Y así yo te perdí, porque no te dignas ser poseído con la mentira.

¿Quién hallaría yo que me reconciliase contigo? ¿Debí recurrir a los ángeles? ¿Y con qué preces, con qué sacramentos? Muchos, esforzándose por volver a ti y no pudiendo por sí mismos, tentaron, según oigo, este camino y cayeron en deseos de visiones curiosas y merecieron ser engañados, porque te buscaban con el fasto de la ciencia, hinchando más bien que hiriendo sus pechos; y atrajeron hacia sí, por la semejanza de su corazón, a las potestades aéreas, conspiradoras y cómplices de su soberbia, las cuales con sus poderes mágicos les engañaron, por buscar un mediador que los juzgara, que no era tal, sino un diablo transfigurado en ángel de luz. El cual atrajo sobremanera a la carne soberbia, por el hecho mismo de carecer de cuerpo carnal. Eran ellos mortales y pecadores, y tú, Señor, con quien ellos buscaban soberbiamente reconciliarse, inmortal y sin pecado.

Mas era necesario que el Mediador entre Dios y los hombres tuviese algo de común con Dios y algo de común con los hombres, no fuese que, siendo semejante en ambos extremos a los hombres, estuviese alejado de Dios; o, siendo semejante en ambos extremos a Dios, estuviese alejado de los hombres, y así no pudiera ser mediador.

Así, pues, aquel mediador falaz por quien merece, según tus secretos juicios, ser engañada la soberbia, una cosa tiene de común con los hombres; es a saber, el pecado; y otra que quiere aparentar tener con Dios, mostrándose inmortal por la razón de no hallarse revestido de la carne mortal. Pero como el estipendio del pecado es la muerte, síguese que tiene esto de común con los hombres, por lo que juntamente con ellos será condenado a muerte.

Mas el verdadero Mediador, a quien por tu secreta misericordia revelaste a los humildes y lo enviaste para que con su ejemplo aprendiesen hasta la misma humildad; aquel Mediador entre Dios y los hombres, el hombre Cristo Jesús, apareció entre los pecadores mortales Justo Inmortal, mortal con los hombres, justo con Dios, para que, pues el estipendio de la justicia es la vida y la paz, por medio de la justicia unida a Dios fuese destruida en los impíos justificados la muerte, que se dignó tener de común con ellos. Este Mediador fue mostrado a los antiguos santos para que fuesen salvos por la fe en su pasión futura, como nosotros lo somos por la fe en la ya pasada. Porque en tanto es Mediador en cuanto Hombre; pues en cuanto Verbo no puede ser intermediario, por ser igual a Dios, Dios en Dios y juntamente con él un solo Dios.

¡Oh cómo nos amaste, Padre bueno, que no perdonaste a tu Hijo único, sino que le entregaste por nosotros, impíos!

¡Oh cómo nos amaste, haciéndose por nosotros, quien no tenía por usurpación ser igual a ti, obediente hasta la muerte de cruz, siendo el único libre entre los muertos, teniendo potestad para dar su vida y para nuevamente recobrarla. Por nosotros se hizo ante ti vencedor y víctima, y por eso vencedor, por ser víctima; por nosotros sacerdote y sacrificio ante ti, y por eso sacerdote, por ser sacrificio, haciéndonos para ti de esclavos hijos, y naciendo de ti para servirnos a nosotros.

Con razón tengo yo gran esperanza en él de que sanarás todos mis languores por su medio, porque el que está sentado a tu diestra te suplica por nosotros; de otro modo desesperaría. Porque muchas y grandes son las dolencias, sí; muchas y grandes son, aunque más grande es tu Medicina. De no haberse hecho tu Verbo carne y habitado entre nosotros, con razón hubiéramos podido juzgarle apartado de la naturaleza humana y desesperar de nosotros.

Aterrado por mis pecados y por el peso enorme de mi miseria, había tratado en mi corazón y pensado huir a la soledad; mas tú me lo prohibiste y me tranquilizaste, diciendo: «Por eso murió Cristo por todos, para que los que viven ya no vivan para sí, sino para aquel que murió por ellos».

He aquí, Señor, que ya arrojo en ti mi cuidado, a fin de que viva y pueda considerar las maravillas de tu ley. Tú conoces mi ignorancia y mi debilidad; enséñame y sáname. Aquel tu Unigénito en quien se hallan escondidos todos los tesoros de la sabiduría y de la ciencia, me redimió con su sangre. No me calumnien los soberbios, porque pienso en mi rescate, y lo como y bebo y distribuyo, y, pobre, deseo saciarme de él en compañía de aquellos que lo comen y son saciados. Y alabarán al Señor los que le buscan.

LIBRO UNDÉCIMO

❄

¿No es verdad que están llenos de su vetustez quienes nos dicen: «¿Qué hacía Dios antes que hiciese el cielo y la tierra? Porque si estaba ocioso, dicen, y no obraba nada, ¿por qué no permaneció así siempre y en adelante como hasta entonces había estado, sin obrar? Porque si para dar la existencia a alguna criatura es necesario que surja un movimiento nuevo en Dios y una nueva voluntad, ¿cómo puede haber verdadera eternidad donde nace una voluntad que antes no existía? Porque la voluntad de Dios no es creación alguna, sino anterior a toda creación; porque en modo alguno sería creado nada si no precediese la voltutad del creador. Pero la voluntad de Dios pertenece a su misma sustancia; luego si en la sustancia de Dios ha nacido algo que antes no había, no se puede decir ya con verdad que aquella sustancia es eterna. Mas si la voluntad de Dios de que fuese la criatura era sempiterna, ¿por qué no había de ser también sempiterna la criatura?»

Quienes así hablan, todavía no te entienden, ¡oh sabiduría de Dios, luz de las mentes!; todavía no entienden cómo se hagan las cosas que son hechas en ti y por ti, y se empeñan por saber las cosas eternas; pero su corazón revolotea aún sobre los movimientos pretéritos y futuros de las cosas y es aún vano. ¿Quién podrá detenerle y fijarle, para que se detenga un poco y capte por un momento el resplandor de la eternidad, que siempre permanece, y la compare con los tiempos, que nunca permanecen, y vea que es incomparable, y que el tiempo largo no se hace largo sino por muchos movimientos que pasan y que no pueden coexistir a la vez, y que en la eternidad, al contrario, no pasa nada, sino que todo es presente, al revés del tiempo, que no puede existir todo él presente; y vea, finalmente, que todo pretérito es empujado por el futuro, y que todo futuro está precedido de un pretérito, y todo lo pretérito y futuro es creado y transcurre por lo que es siempre presente? ¿Quién podrá detener, repito, el corazón del hombre para que se pare y vea cómo, estando fija, dicta los tiempos futuros y pretéritos la eternidad, que no es futura ni pretérita? ¿Acaso puede realizar esto mi mano o puede obrar cosa tan grande la mano de mi boca por sus discursos?

He aquí que yo respondo al que preguntaba: «¿Qué hacía Dios antes que hiciese el cielo y la tierra?» Y respondo, no lo que se dice haber respondido un individuo bromeándose, eludiendo la fuerza de la cuestión: «Preparaba —contestó— los castigos para los que escudriñan las cosas altas.» Una cosa es ver, otra reír. Yo no responderé tal cosa. De mejor gana respondería: «No lo sé», lo que realmente no sé, que no aquello por lo que fue mofado quien preguntó cosas altas y fue alabado quien respondió cosas falsas.

Mas digo yo que tú, Dios nuestro, eres el creador de toda criatura; y si con el nombre de cielo y tierra se entiende toda criatura, digo con audacia que antes que Dios hiciese el cielo y la tierra, no hacía nada. Porque si hiciese algo, ¿qué podía hacer sino una criatura? Y ¡ojalá que así supiese lo que deseo saber útilmente, como sé que ninguna criatura fue hecha antes de que alguna criatura fuese hecha!

Mas si la mente volandera de alguno, vagando por las imágenes de los tiempos anteriores [a la creación], se admirase de que tú, Dios omnipotente, y omnicreante, y omniteniente, artífice del cielo y de la tierra, dejaste pasar un sinnúmero de siglos antes de que hicieses tan gran obra, despierte y advierta que admira cosas falsas. Porque ¿cómo habían de pasar innumerables siglos, cuando aún no los habías hecho tú, autor y creador de los siglos? ¿O qué tiempos podían existir que no fuesen creados por ti? ¿Y cómo habían de pasar, si nunca habían sido? Luego, siendo tú el obrador de todos los tiempos, si existió algún tiempo antes de que hicieses el cielo y la tierra, ¿por qué se dice que cesabas de obrar? Porque tú habías hecho el tiempo mismo; ni pudieron pasar los tiempos antes de que hicieses los tiempos.

Mas si antes del cielo y de la tierra no existía ningún tiempo, ¿por qué se pregunta qué era lo que entonces hacías? Porque realmente no había tiempo donde no había entonces.

Ni tú precedes temporalmente a los tiempos: de otro modo no precederías a todos los tiempos. Mas precedes a todos los pretéritos por la celsitud de tu eternidad, siempre presente; y superas todos los futuros, porque son futuros, y cuando vengan serán pretéritos. Tú, en cambio, eres el mismo, y tus años no mueren. Tus años ni van ni vienen, al contrario de estos nuestros, que van y vienen, para que todos sean. Tus años existen todos juntos, porque existen; ni son excluidos los que van por los que vienen, porque no pasan; mas los nuestros todos llegan a ser cuando ninguno de ellos exista ya. Tus años son un día, y tu día no es un cada día, sino un hoy, porque tu hoy no cede el paso al mañana ni sucede al día de ayer. Tu hoy es la eternidad; por eso engendraste coeterno a ti a aquel a quien dijiste: «Yo te he engendrado hoy». Tú hiciste todos los tiempos, y tú eres antes de todos ellos; ni hubo un tiempo en que no había tiempo.

No hubo, pues, tiempo alguno en que tú no hicieses nada, puesto que el mismo tiempo es obra tuya. Mas ningún tiempo te puede ser coeterno, porque tú eres permanente, y éste, si permaneciese, no sería tiempo ¿Qué es, pues, el tiempo? ¿Quién podrá explicar esto fácil y brevemente? ¿Quién podrá comprenderlo con el pensamiento, para hablar luego de él? Y, sin embargo, ¿qué cosa más familiar y conocida mentamos en nuestras conversaciones que el tiempo? Y cuando hablamos de él, sabemos sin duda qué es, como sabemos o entendemos lo que es cuando lo oímos pronunciar a otro. ¿Qué es, pues, el tiempo? Si nadie me lo pregunta, lo sé; pero si quiero explicárselo al que me lo pregunta, no lo sé. Lo que sí digo sin vacilación es que sé que si nada pasase no habría tiempo pasado; y si nada sucediese, no habría tiempo futuro; y si nada existiese, no habría tiempo presente. Pero aquellos dos tiempos, pretérito y futuro, ¿cómo pueden ser, si el pretérito ya no es él y el futuro todavía no es? Y en cuanto al presente, si fuese siempre presente y no pasase a ser pretérito, ya no sería tiempo, sino eternidad. Si, pues, el presente, para ser tiempo es necesario que pase a ser pretérito, ¿cómo decimos que existe éste, cuya causa o razón de ser está en dejar de ser, de tal modo que no podemos decir con verdad que existe el tiempo sino en cuanto tiende a no ser?

Y, sin embargo, decimos «tiempo largo» y «tiempo breve», lo cual no podemos decirlo más que del tiempo pasado y futuro. Llamamos tiempo pasado largo, *v.gr.*, a cien años antes de ahora, y de igual modo tiempo futuro largo a cien años después; tiempo pretérito breve, si decimos, por ejemplo, hace diez días, y tiempo futuro breve, si dentro de diez días. Pero ¿cómo puede ser largo o breve lo que no es? Porque el pretérito ya no es, y el futuro todavía no es. No digamos, pues, que «es largo», sino, hablando del pretérito, digamos que «fue largo», y del futuro, que «será largo».

¡Oh Dios mío y luz mía!, ¿no se burlará en esto tu Verdad del hombre? Porque el tiempo pasado que fue largo, ¿fue largo cuando era ya pasado o tal vez cuando era aún presente? Porque entonces podía ser largo, cuando había de qué ser largo; y como el pretérito ya no era, tampoco podía ser largo, puesto que de ningún modo existía. Luego no digamos: «El tiempo pasado fue largo», porque no hallaremos que fue largo, por la razón de que lo que es pretérito, por serlo, no existe; sino digamos: «Largo fue aquel tiempo siendo presente», porque siendo presente fue cuando era largo; todavía, en efecto, no había pasado para dejar de ser, por lo que era y podía ser largo; pero después que pasó, dejó de ser largo, al punto que dejó de existir.

Pero veamos, ¡oh alma mía!, si el tiempo presente puede ser largo; porque se te ha dado poder sentir y medir las duraciones. ¿Qué me respondes? ¿Cien años presentes son acaso un tiempo largo? Mira primero si pueden estar presentes cien años. Porque si se trata del primer año, es presente; pero los noventa y nueve son futuros, y, por tanto, no existen todavía; pero si estamos en el segundo, ya tenemos uno pretérito, otro presente, y los restantes, futuros. Y así de cualquiera de cada uno de los años medios de este número centenario que tomemos como presente: todos los anteriores a él serán pasados; todos los que vengan después de él, futuros. Por todo lo cual no pueden ser presentes los cien años.

Pero veamos si aun el año que se toma es presente. En efecto: si de él el primer mes es presente, los restantes son futuros; si se trata del segundo, ya el primero es pasado, y los restantes no son aún. Luego ni aun el año en cuestión es todo presente; y si no es. todo presente, no es el año presente; porque el año consta de doce meses, de los cuales cualquier mes que se tome es presente siendo los restantes pasados o futuros.

Pero es que ni el mes que corre es todo presente, sino un día. Porque si lo es el primero, los restantes son futuros; si es el último, los restantes son pasados; si alguno de los intermedios, unos serán pasados, otros futuros.

He aquí el tiempo presente —el único que hallamos debió llamarse largo—, que apenas si se reduce al breve espacio de un día. Pero discutamos aún esto mismo. Porque ni aun el día es todo él presente. Compónese éste, en efecto, de veinticuatro horas entre las nocturnas y diurnas, de las cuales la primera tiene como futuras las restantes, y la última como pasadas todas las demás, y cualquiera de las intermedias tiene delante de ella pretéritas y después de ella futuras. Pero aun la misma hora está compuesta de partículas fugitivas, siendo pasado lo que ha transcurrido de ella, y futuro lo que aún le queda.

Si, pues, hay algo de tiempo que se pueda concebir como indivisible en partes, por pequeñísimas que éstas sean, sólo ese momento es el que debe decirse presente; el cual, sin embargo, vuela tan rápidamente del futuro al pasado, que no se detiene ni un instante siquiera. Porque, si se detuviese, podría dividirse en pretérito y futuro, y el presente no tiene espacio ninguno.

¿Dónde está, pues, el tiempo que llamamos largo? ¿Será acaso el futuro? Ciertamente que no podemos decir de éste que es largo, porque todavía no existe qué sea largo; sino decimos que será largo; y si fuese largo, cuando saliendo del futuro, que todavía no es, comenzare a ser y fuese hecho presente para poder ser largo, ya sería el tiempo presente, con las razones antedichas, que no puede ser largo.

Y, sin embargo, Señor, sentimos los intervalos de los tiempos y los comparamos entre sí, y decirnos que unos son más largos y otros más breves. También medimos cuánto sea más largo o más corto aquel tiempo que éste, y decimos que éste es doble o triple y aquél sencillo, o que éste es tanto como aquél. Ciertamente nosotros medimos los tiempos que pasan cuando sintiéndolos los medimos; mas los pasados, que ya no son, o los futuros, que todavía no son, ¿quién los podrá medir? A no ser que se atreva alguien a decir que se puede medir lo que no existe.

Porque cuando pasa el tiempo puede sentirse y medirse; pero cuando ha pasado ya, no puede, porque no existe.

Pregunto yo, Padre, no afirmo: ¡oh Dios mío!, presídeme y gobiérname. ¿Quién hay que me diga que no son tres los tiempos, como aprendimos de niños y enseñamos a los niños: pretérito, presente y futuro, sino solamente presente, por no existir aquellos dos? ¿Acaso también existen éstos, pero como procediendo de un sitio oculto cuando de futuro se hace presente o retirándose a un lugar oculto cuando de presente se hace pretérito? Porque si aun no son, ¿dónde los vieron los que predijeron cosas futuras?, porque en modo alguno puede ser visto lo que no es. Y los que narran cosas pasadas no narraran cosas verdaderas, ciertamente, si no viesen aquéllas con el alma, las cuales, si fuesen nada, no podrían ser vistas de ningún modo. Luego existen las cosas futuras y las pretéritas.

Permíteme ir adelante en mi investigación, Señor, esperanza mía; que no se distraiga mi atención. Porque, si son las cosas futuras y pretéritas, quiero saber dónde están. Lo cual si no puedo todavía, sé al menos que, dondequiera que estén, no son allí futuras o pretéritas, sino presentes; porque si allí son futuras, todavía no son, y si son pretéritas, ya no están allí; dondequiera, pues, que estén, cualesquiera que ellas sean, no son sino presentes. Cierto que, cuando se refieren a cosas pasadas verdaderas, no son las cosas mismas que han pasado las que se sacan de la memoria, sino las palabras engendradas por sus imágenes, que pasando por los sentidos imprimieron en el alma como su huella. Así, mi puericia, que ya no existe, existe en el tiempo pretérito, que tampoco existe; pero cuando yo recuerdo o describo su imagen, en tiempo presente la intuyo, porque existe todavía en mi memoria. Ahora, si es semejante la causa de predecir los futuros, de modo que se presientan las imágenes ya existentes de las cosas que aún no son, confieso, Dios mio, que no lo sé. Lo que sí sé ciertamente es que nosotros premeditamos muchas veces nuestras futuras acciones, y que esta premeditación es presente, no obstante que la acción que premeditamos aún no exista, porque es futura; la cual, cuando acometamos y comencemos a poner por obra nuestra premeditación, comenzará entonces a existir, porque entonces será no futura, sino presente.

Así, pues, de cualquier modo que se halle este arcano presentimiento de los futuros, lo cierto es que no se puede ver sino lo que es. Mas lo que es ya, no es futuro, sino presente. Luego cuando se dice que se ven las cosas futuras, no se ven estas mismas, que todavía no son, esto es, las cosas que son futuras, sino a lo más sus causas o signos, que existen ya, y por consiguiente ya no son futuras, sino presentes a los que las ven, y por medio de ellos, concebidos en el alma, son predichos los futuros. Los cuales conceptos existen ya a su vez, y los intuyen presentes en sí quienes predicen aquéllos.

Explíqueme esto un ejemplo tomado de la inmensa multitud de cosas. Contemplo la aurora, anuncio que ha de salir el sol. Lo que veo es presente; lo que predigo, futuro; no futuro el sol, que ya existe, sino su orto, que todavía no ha sido. Sin embargo, aun su mismo orto, si no lo imaginara en el alma como ahora cuando digo esto, no podría predecirlo. Pero ni aquella aurora, que veo en el cielo, es el orto del sol, aunque le preceda; ni tampoco aquella imaginación mía que retengo en el alma; las cuales dos cosas se ven presentes para que se pueda predecir aquel futuro. Luego no existen aún como futuras; y si no existen aún, no existen realmente; y si no existen realmente, no pueden ser vistas de ningún modo, sino solamente pueden ser predichas por medio de las presentes que existen ya y se ven.

Así, pues, ¡oh Rey de la creación!, ¿cuál es el modo con que tú enseñas a las almas las cosas que son futuras —puesto que tú las enseñaste a los profetas—, cuál es aquel modo con que enseñas las cosas futuras, tú para quien no hay nada futuro? ¿O más bien enseñas las cosas presentes acerca de las futuras? Porque lo que no es, tampoco puede ser ciertamente enseñado. Muy lejos está este modo de mi vista: excelso es; no podré alcanzarlo por mí, mas lo podré por ti, cuando lo tuvieres a bien, dulce luz de los ojos míos ocultos.

Pero lo que ahora es claro y manifiesto es que no existen los pretéritos ni los futuros, ni se puede decir con propiedad que son tres los tiempos: pretérito, presente y futuro; sino que tal vez sería más propio decir que los tiempos son tres: presente de las cosas pasadas, presente de las cosas presentes y presente de las futuras. Porque éstas son tres cosas que existen de algún modo en el alma, y fuera de ella yo no veo que existan: presente de cosas pasadas (la memoria), presente de cosas presentes (visión) y presente de cosas futuras (expectación).

Si me es permitido hablar así, veo ya los tres tiempos y confieso que los tres existen, Puede decirse también que son tres los tiempos: presente, pasado y futuro, como abusivamente dice la costumbre; dígase así, que yo no curo de ello, ni me opongo, ni lo reprendo; con tal que se entienda lo que se dice y no se tome por ya existente lo que está por venir ni lo que es ya pasado. Porque pocas son las cosas que hablamos con propiedad, muchas las que decimos de modo impropio, pero que se sabe lo que queremos decir con ellas.

Dije poco antes que nosotros medimos los tiempos cuando pasan, de modo que podamos decir que este tiempo es doble respecto de otro sencillo, o que este tiempo es igual que aquel otro, y si hay alguna otra cosa que podamos anunciar midiendo las partes del tiempo. Por lo cual, como decía, medimos los tiempos cuando pasan. Y si alguno me dice:

«¿De dónde lo sabes?», le responderé que lo sé porque los medimos, y porque no se pueden medir las cosas que no son, y porque no son los pasados ni los futuros.

En cuanto al tiempo presente, ¿cómo lo medimos, si no tiene espacio? Lo medimos ciertamente cuando pasa, no cuando es ya pasado, porque entonces ya no hay qué medir. Pero ¿de dónde, por dónde y adónde pasa cuando lo medimos? ¿De dónde, sino del futuro? ¿Por dónde, sino por el presente? ¿Adónde, sino al pasado? Luego va de lo que aún no es, pasa por lo que carece de espacio y va a lo que ya no es. Sin embargo, ¿qué es lo que medimos sino el tiempo en algún espacio? Porque no decimos: sencillo, o doble, o triple, o igual y otras cosas semejantes relativas al tiempo, sino refiriéndonos a espacios de tiempo. ¿En qué espacio de tiempo, pues, medimos el tiempo que pasa? ¿Acaso en el futuro de donde viene? Pero lo que aún no es no lo podemos medir. ¿Tal vez en el presente, por donde pasa? Pero tampoco podemos medir el espacio que es nulo. ¿Será, por ventura, en el pasado, adonde camina? Pero lo que ya no es no podemos medirlo.

Enardecido se ha mi alma en deseos de conocer este enredadísimo enigma. No quieras ocultar, Señor Dios mío, Padre bueno, te lo suplico por Cristo, no quieras ocultar a mi deseo estas cosas tan usuales como escondidas, antes bien penetre en ellas y aparezcan claras, esclarecidas, Señor, por tu misericordia. ¿A quién he de preguntar sobre ellas? Y ¿a quién podré confesar con más fruto mi impericia que a ti, a quien no son molestos mis vehementes e inflamados cuidados por tus Escrituras? Dame lo que amo, pues ciertamente lo amo, y esto es don tuyo. Dámelo, ¡oh Padre!, tú que sabes dar buenas dádivas a tus hijos; dámelo, porque me he propuesto conocerlas y se me presenta mucho trabajo en ello, hasta que tú me las abras. Suplícote por Cristo, en su nombre, en el del Santo de los santos, que nadie me estorbe en ello. También yo he creído, por eso hablo. Esta es mi esperanza; para ello vivo, a fin de contemplar la delectación del Señor.

He aquí que has hecho viejos mis días, y pasan; mas ¿cómo? No lo sé. Y hablamos «de tiempo y de tiempo» y «de tiempos y tiempos», y «¿en cuánto tiempo dijo aquél esto?», «¿en cuánto tiempo hizo esto aquél ?», y « ¡cuán largo tiempo hace que no vi aquello!», y «esta sílaba tiene doble tiempo respecto de aquella otra breve sencilla». Decimos estas cosas o las hemos oído, y las entendemos y somos entendidos. Clarísimas y vulgarísimas son estas cosas, las cuales de nuevo vuelven a ocultarse, siendo nuevo su descubrimiento.

Oí de cierto hombre docto que el movimiento del sol, la luna y las estrellas es el tiempo; pero no asentí . Porque ¿por qué el tiempo no ha de ser más bien el movimiento de todos los cuerpos? ¿Acaso si cesaran los luminares del cielo y se moviera la rueda de un alfarero, no habría tiempo con que pudiéramos medir las vueltas que daba y decir que tanto tardaba en unas como en otras, o se movía unas veces más despacio y otras más aprisa, que unas duraban más, otras menos? Y aun diciendo estas cosas, ¿no hablamos nosotros también en el tiempo? ¡Y cómo habría en nuestras palabras sílabas largas y sílabas breves, si no es sonando durante más tiempo aquéllas y menos éstas?

Concede, ¡oh Dios!, a los hombres ver en lo pequeño las nociones comunes de las cosas pequeñas y grandes. Son las estrellas y luminares del cielo «signos para distinguir los tiempos, días y años»; lo son sin duda; pero ni yo diría que una vuelta de aquella ruedecilla de madera es un día, ni tampoco, por lo mismo, podría decir que dicha vuelta no es tiempo.

Lo que yo deseo saber es la virtud y naturaleza del tiempo con el que medimos el movimiento de los cuerpos y decimos que tal movimiento, v.gr., es dos veces más largo que éste. Porque pregunto: puesto que se llama día no sólo la duración del sol sobre la tierra, según la cual una cosa es el día y otra la noche, sino todo su recorrido de Oriente a Oriente, según lo cual decimos: «Han pasado tantos días» —incluyendo en «tantos días» sus noches, no contadas aparte—, puesto que el día se cierra con el movimiento del sol y su recorrido de Oriente a Oriente, pregunto yo si el día es el mismo movimiento o la duración con que hace dicho recorrido, o ambas cosas a la vez.

Porque si el día fuera lo primero, sería desde luego un día, aunque el sol tardase en hacer su recorrido el tiempo de una hora solamente. Si fuese lo segundo, no sería un día si hiciese el recorrido de salida a salida en el breve espacio de una hora, sino que tendría el sol que dar veinticuatro vueltas para formar un día. Y si fuesen ambas cosas, ni aquél se llamaría día, en el supuesto que el sol realizara su giro en el espacio de una hora, ni tampoco éste, en el caso en que cesando el sol transcurriese tanto tiempo cuanto éste suele emplear en su recorrido de mañana a mañana.

Mas no trato ahora de investigar qué es lo que llamamos día, sino qué es el tiempo, con el cual, midiendo el recorrido del sol, podríamos decir que lo hizo en la mitad menos de tiempo de lo que suele, si lo hubiese hecho en un espacio de tiempo equivalente a doce horas; y comparando ambos tiempos diríamos que aquél es sencillo, éste doble, aun dado caso que unas veces hiciese el sol su recorrido de Oriente a Oriente en veinticuatro horas y otras en doce.

Nadie, pues, me diga que el tiempo es el movimiento de los cuerpos celestes; porque cuando se detuvo el sol por deseos de un individuo para dar fin a una batalla victoriosa, estaba quieto el sol y caminaba el tiempo, porque aquella lucha se ejecutó y terminó en el espacio de tiempo que le era necesario.

Veo, pues, que el tiempo es una cierta distensión. Pero ¿lo veo o es que me figuro verlo? Tú me lo mostrarás, ¡oh Luz de la verdad!

¿Mandas que apruebe si alguno dice que el tiempo es el movimiento del cuerpo? No lo mandas. Porque yo oigo, y tú lo dices, que ningún cuerpo se puede mover si no es en el tiempo; pero que el mismo movimiento del cuerpo sea el tiempo no lo oigo, ni tú lo dices. Porque cuando se mueve un cuerpo, mido por el tiempo el rato que se mueve, desde que empieza a moverse hasta que termina. Y si no le vi comenzar a moverse y continúa moviéndose de modo que no vea cuándo termina, no puedo medir esta duración, si no es tal vez desde que lo comencé a ver hasta que dejé de verlo. Y si lo veo largo rato, sólo podré decir que se movió largo rato, pero no cuánto; porque cuando decimos:

«Cuánto», no lo decimos sino por relación a algo, como cuando decimos: «Tanto esto, cuanto aquello», o «Esto es doble respecto de aquello», y así otras cosas por el estilo.

Pero si pudiéramos notar los espacios de los lugares, de dónde y hacia dónde va el cuerpo que se mueve, o sus partes, si se moviese sobre sí como en un torno, podríamos decir cuánto tiempo empleó en efectuarse aquel movimiento del cuerpo o de sus partes desde un lugar a otro lugar. Así, pues, siendo una cosa el movimiento del cuerpo, otra aquello con que medimos su duración, ¿quién no ve cuál de los dos debe decirse tiempo con más propiedad? Porque si un cuerpo se mueve unas veces más o menos rápidamente y otras está parado, no sólo medimos por el tiempo su movimiento, sino también su estada, y decimos: «Tanto estuvo parado cuanto se movió», o «Estuvo parado el doble o el triple de lo que se movió», y cualquiera otra cosa que comprenda o estime nuestra dirpensión, más o menos, como suele decirse. No es, pues, el tiempo el movimiento de los cuerpos.

Confiésote, Señor, que ignoro aún qué sea el tiempo; y confiésote asimismo, Señor, saber que digo estas cosas en el tiempo, y que hace mucho que estoy hablando del tiempo, y que este mismo «hace mucho» no sería lo que es si no fuera por la duración del tiempo. ¿Cómo, pues, sé esto, cuando no sé lo que es el tiempo? ¿O es tal vez que ignoro cómo he de decir lo que sé? ¡Ay de mí, que no sé siquiera lo que ignoro! Heme aquí en tu presencia, Dios mío, que no miento. Como hablo, así está mi corazón. Tú iluminarás mi lucerna, Señor, Dios mío; tú iluminarás mis tinieblas.

¿Acaso no te confiesa mi alma con confesión verídica que yo mido los tiempos? Cierto es, Señor, Dios mío, que yo mido —y no sé lo que mido—, que mido el movimiento del cuerpo por el tiempo; pero ¿no mido también el tiempo mismo?

Y ¿podría acaso medir el movimiento del cuerpo, cuánto ha durado y cuánto ha tardado en llegar de un punto a otro, si no midiese el tiempo en que se mueve?

Pero ¿de dónde mido yo el tiempo? ¿Acaso medimos el tiempo largo por el breve, como medimos por el espacio de un codo el espacio de una viga? Pues así vemos que medimos la cantidad de una sílaba larga por la cantidad de una breve, diciendo de ella que es doble. Y de este modo medimos la extensión de los poemas, por la extensión de los versos; y la extensión de los versos, por la extensión de los pies; y la extensión de los pies, por la cantidad de las sílabas; y la cantidad de las largas, por la cantidad de las breves; no por las páginas —que de este modo medimos los lugares, no los tiempos—, sino cuando, pronunciándolas, pasan las voces y decimos: «largo poema», pues se compone de tantos versos; «largos versos», pues constan de tantos pies; «larga sílaba», pues es doble respecto de la breve.

Pero ni aun así llegaremos a una medida fija del tiempo, porque puede suceder que un verso más breve suene durante más largo espacio de tiempo, si se pronuncia más lentamente, que otro más largo, si se recita más aprisa. Y lo mismo dígase del poema, del pie y de la sílaba.

De aquí me pareció que el tiempo no es otra cosa que una extensión; pero ¿de qué? No lo sé, y maravilla será si no es de la misma alma. Porque ¿qué es, te suplico, Dios mío, lo que mido cuando digo, bien de modo indefinido, como: «Este tiempo es más largo que aquel otro»; o bien de modo definido, como: «Éste es doble que aquél»? Mido el tiempo, lo sé; pero ni mido el futuro, que aún no es; ni mido el presente, que no se extiende por ningún espacio; ni mido el pretérito, que ya no existe. ¿Qué es, pues, lo que mido? ¿Acaso los tiempos que pasan, no los pasados? Así lo tengo dicho ya.

Insiste, alma mía, y presta gran atención: Dios es nuestro ayudador. Él nos ha hecho y no nosotros. Atiende de qué parte alberga la verdad.

Supongamos, por ejemplo, una voz corporal que empieza a sonar y suena, y suena, y luego cesa y se hace silencio, y pasa ya a pretérita aquella voz y deja de existir tal voz. Antes de que sonase era futura y no podía ser medida, por no ser aún; pero tampoco ahora lo puede ser, por no existir ya. Luego sólo pudo serlo cuando sonaba, porque entonces había qué medir. Pero entonces no se detenía, sino que caminaba y pasaba. ¿Acaso por esta causa podía serlo mejor? Porque pasando se extendía en cierto espacio de tiempo en que podía ser medida, por no tener el presente espacio alguno. Si, pues, entonces podía medirse, supongamos otra voz que empieza a sonar y continúa sonando con un sonido seguido e ininterrumpido. Midámosla mientras suena, porque cuando cesare de sonar ya será pretérita y no habrá qué pueda ser medido. Midámosla totalmente y digamos cuánto sea.

Pero todavía suena, y no puede ser medida sino desde su comienzo, desde que empezó a sonar, hasta el fin, en que cesó, puesto que lo que medimos es el intervalo mismo de un principio a un fin. Por esta razón, la voz que no ha sido aún terminada no puede ser medida, de modo que se diga «qué larga o breve es», o denominarse igual a otra, ni sencilla o doble, o cosa semejante, respecto de otra. Mas cuando fuere terminada, ya no existirá. ¿Cómo podrá en este caso ser medida?

Y, sin embargo, medimos los tiempos, no aquellos que aún no son, ni aquellos que ya no son, ni aquellos que no se extienden con alguna duración, ni aquellos que no tienen términos. No medimos, pues, ni los tiempos futuros, ni los pretéritos, ni los presentes, ni los que corren. Y, sin embargo, medimos los tiempos.

¡Oh Dios, creador de todo! Este verso consta de ocho sílabas, alternando las breves y las largas. Las cuatro breves —primera, tercera, quinta y séptima— son sencillas respecto de las cuatro largas —segunda, cuarta, sexta y octava—. Cada una de éstas, respecto de cada una de aquéllas, vale doble tiempo. Yo las pronuncio y las repito, y veo que es así, en tanto que son percibidas por un sentido fino. En tanto que un sentido fino las acusa, yo mido la sílaba larga por la breve, y noto que la contiene justamente dos veces.

Pero cuando suena una después de otra, si la primera es breve y larga la segunda, ¿cómo podré retener la breve y cómo la aplicaré a la larga para ver que la contiene justamente dos veces, siendo así que la larga no empieza a sonar hasta que no cesa de sonar la breve? Y la misma larga, ¿por ventura la mido presente, siendo así que no la puedo medir sino terminada? y, sin embargo, su terminación es su preterición. ¿Qué es, pues, lo que mido? ¿Dónde está la breve con que mido? ¿Dónde la larga que mido? Ambas sonaron, volaron, pasaron, ya no son. No obstante, yo las mido, y respondo con toda la confianza con que puede uno fiarse de un sentido experimentado, que aquélla es sencilla, ésta doble, en duración de tiempo se entiende. Ni puedo hacer esto si no es por haber pasado y terminado.

Luego no son aquéllas [sílabas], que ya no existen, las que mido, sino mido algo en mi memoria y que permanece en ella fijo.

Señor, Dios mío, ¿cuál es el seno de tu profundo secreto?

¡Y qué lejos de él me arrojaron las consecuencias de mis delitos! Sana mis ojos y yo me gozaré con tu luz.

Ciertamente que si existe un alma dotada de tanta ciencia presciencia, para quien sean conocidas todas las cosas, pasadas y futuras, como lo es para mí un canto conocidísimo, esta alma es extraordinariamente admirable y estupenda hasta el horror, puesto que nada se le oculta de cuanto se ha realizado y ha de realizarse en los siglos, al modo como no se me oculta a mí, cuando recito dicho canto, qué y cuánto ha pasado de él desde el principio, qué y cuánto resta de él hasta terminar.

Mas lejos de mí pensar que tú, creador del universo, creador de las almas y de los cuerpos, sí, lejos de mí pensar que tú conozcas así todas las cosas futuras y pretéritas. Sí; tú las conoces de otro modo, de otro modo más admirable y más profundo. Porque no sucede en ti, inconmutablemente eterno, esto es, creador verdaderamente eterno de las inteligencias, algo de lo que sucede en el que recita u oye recitar un canto conocido, que con la expectación de las palabras futuras y la memoria de las pasadas varía el afecto y se distiende el sentido. Pues así como conociste desde el principio el cielo y la tierra sin variedad de tu conocimiento, así hiciste en el principio el cielo y la tierra sin distinción de tu acción.

Quien entiende esto, que te alabe, y quien no lo entiende, que te alabe también. ¡Oh, qué excelso eres! Con todo, los humildes de corazón son tu morada. Porque tú levantas a los caídos, y no caen aquellos cuya elevación eres tú.

LIBRO DUODÉCIMO

❄

Muchas cosas ansía, Señor, mi corazón en esta escasez de mi vida, provocado por las palabras de tu santa Escritura, y de ahí que sea muchas veces en su discurso copiosa la escasez de la humana inteligencia; porque más habla la investigación que la invención, y más larga es la petición que la consecución, y más trabaja la mano llamando que recibiendo.

Tenemos una promesa: «¿Quién podrá desvirtuarla? Si Dios está por nosotros, ¿quién contra nosotros? Pedid y recibiréis. buscad y hallaréis, llamad y se os abrirá; porque todo el que pide, recibe, y el que busca, hallará, y al que llama, le será abierto». Promesas tuyas son. ¿Y quién temerá ser engañado, siendo la Verdad la que promete?

Y, sin embargo, ¡oh Dios mío, encumbramiento de mi humildad y descanso de mi trabajo, que escuchas mis confesiones y perdonas mis pecados!, puesto que me mandas que ame a mi prójimo como a mí mismo, no puedo creer de tu fidelísimo siervo Moisés que recibiese menos de tu don de lo que yo hubiera optado y deseado me concedieras a mí si hubiera nacido en el tiempo en que él nació y hubiera sido puesto en su lugar, para que por el ministerio de mi corazón y de mi lengua fuesen dispensadas aquellas Letras, que después habían de ser de tanto provecho a todos los pueblos y tanto habían de prevalecer en todo el orbe por su excelsa autoridad sobre las palabras de todas las falsas y soberbias doctrinas.

Porque hubiera querido, si entonces fuera yo Moisés —ya que venimos todos de la misma masa, y ¿qué es el hombre sino lo que tú acuerdas que sea?—, hubiera querido, digo, si entonces fuera yo él y me hubieras encomendado escribir el libro del *Génesis*, que me hubiese sido dada tal facultad de hablar y tal manera de disponer mis palabras que aquellos que no pueden todavía comprender cómo Dios crea no rehusasen mis palabras como superiores a sus fuerzas, y los que ya lo pueden hallasen que, en cualquier sentencia verdadera que viniesen a dar con el pensamiento, no estaba excluida de estas breves palabras de tu siervo; y, finalmente, que si otro viese otra cosa distinta en la luz de la verdad ni aun esta misma dejase de ser comprendida en dichas palabras.

Porque así como la fuente en un lugar reducido es más abundante —y surte de agua a muchos arroyuelos, que la esparcen por más anchos espacios— que cualquiera de los arroyuelos que a través de muchos espacios locales deriva de la misma fuente, así la narración de tu dispensador, que ha de aprovechar a muchos predicadores, de un pequeño número de palabras mana copiosos raudales de líquida verdad, de las que cada cual saca para sí la verdad que puede, esto éste, aquello aquél, para desenvolverlo después en largos rodeos de palabras.

Porque hay algunos que cuando leen u oyen estas palabras imaginan a Dios como un hombre, o como un poder dotado de una masa enorme, que a consecuencia de un nuevo y repentino querer produjese fuera de él (el poder), como en lugares distantes, el cielo y la tierra, dos grandes cuerpos, el uno arriba y el otro abajo, en los que se hallaran contenidas todas las cosas; y cuando oyen: «Dijo Dios: hágase tal cosa y tal cosa fue hecha», piensan en palabras comenzadas y terminadas, que sonaron algún tiempo y que pasaron, después de cuyo tránsito comenzó al punto a existir lo que se ordenó que existiese. Y si por casualidad piensan alguna otra cosa por el estilo, opinan según la costumbre de la carne.

En las cuales cosas, todavía como pequeños animales, mientras es llevada su flaqueza en este humildísimo género de palabras como en un seno materno, es edificada saludablemente su fe, a fin de que tengan por cierto y retengan que Dios ha hecho todas las naturalezas que sus sentidos contemplan en admirable variedad.

Mas si alguno de ellos, como desdeñoso de la vileza de aquellas sentencias, con soberbia imbecilidad se sale fuera del nido en que se nutre, ¡ay!, caerá miserable; pero tú, ¡oh Señor Dios!, ten compasión de él, para que los transeúntes no pisoteen al pollo implume, y envía a tu ángel para que le reponga en el nido, a fin de que viva hasta que vuele.

Pero hay otros para quienes estas palabras no son ya nido, sino cerrado plantel, en las que ven frutos ocultos, y vuelan gozosos, y gorjean buscándolos, y los arrancan.

Porque, cuando leen u oyen estas palabras, ven, ¡oh Dios eterno!, que todos los tiempos pasados y futuros son superados por tu permanencia estable, que no hay nada en la creación temporal que tú no hayas hecho, y que, sin cambiar en lo más mínimo ni nacer en ti una voluntad que antes no existiera, por ser tu voluntad una cosa contigo, hiciste todas las cosas, no semejanza tuya sustancial, forma de todas las cosas, sino una desemejanza sacada de la nada, informe, la cual habría de ser luego formada por tu semejanza, retornando a ti, Uno, en la medida ordenada de su capacidad, cuanto a cada una de las cosas se le ha dado dentro de su género. Y así fueron hechas todas muy buenas, ya permanezcan junto a ti, ya —separadas por grados cada vez más distantes de lugar y tiempo— formen o padezcan hermosas variaciones. Ven estas cosas y se gozan en la luz de tu verdad en lo poco que pueden.

Mas, de ellos, uno se fija en lo que está escrito: «En el principio hizo Dios..., y vuelve sus ojos a la sabiduría, principio, porque también ella nos habla».

Otro se fija en dichas palabras, y entiende por principio el comienzo de todas las cosas creadas, interpretándolas de este modo: «En el principio hizo, como si dijera: primeramente hizo». Y entre los mismos que entienden por la expresión en el principio en el que tú hiciste, en la sabiduría, el cielo y la tierra, uno de ellos entiende por estos nombres de el cielo y tierra, que fue designada la materia creable del cielo y de la tierra; otro, las naturalezas ya formadas y especificadas; otro, una formada y espiritual, con el nombre de cielo, y otra informe, de materia corporal, con el nombre de tierra.

Y todavía, entre los que entienden por los nombres de cielo y tierra la materia informe aún, de la cual se habría de formar el cielo y la tierra, no lo entienden de un mismo modo, sino uno dice que era de donde se había de dar fin a la creación inteligible y sensible; otro, solamente que era de, donde había de salir esta mole sensible corpórea que contiene en su enorme seno las naturalezas visibles que están a la vista. Pero ni aun los que creen que en este lugar son llamadas cielo y tierra las naturalezas ya dispuestas y organizadas lo entienden tampoco de un modo mismo; porque uno se refiere a la creación invisible y visible, otro a la sola visible, en la que vemos el cielo luminoso y la tierra oscura y las cosas que hay en ellos.

Pero aquel que no entiende de otro modo las palabras «en el principio hizo» que si dijese «primeramente hizo», no tiene manera de entender verazmente las palabras cielo y tierra, sino entendiéndolas de la materia del cielo y de la tierra, esto es, de toda la creación, o lo que es lo mismo, de la creación inteligible y corporal.

Porque, si quiere entender la creación toda, ya formada, justamente se le puede preguntar: «Si esto fue lo primero que hizo Dios, ¿qué fue lo que hizo después?» Pero después de hecho el universo no hallará nada, y así oirá de mala gana que le digan:

«¿Qué significa aquel primeramente, si después no viene nada? Pero, si dice que primero lo hizo [el universo] informe y luego lo formó, ya no es ello absurdo, con tal que sea idóneo para discernir qué es lo que procede por eternidad, qué por tiempo, qué por elección, qué por origen: por eternidad, como Dios a todas las cosas; por tiempo, como la flor al fruto; por elección, como el fruto a la flor; por origen, como el sonido al canto.»

De estas cuatro cosas que he mencionado, la primera y la última se entienden dificilísimamente; las dos medias, muy fácilmente. Porque rara visión es, y en extremo ardua, Señor, contemplar tu eternidad, haciendo sin mudarse todas las cosas mudables y precediéndolas consiguientemente. Por otra parte, ¿quién hay tan agudo que vea con el alma y discierna sin gran trabajo si es primero el sonido que el canto, por la razón de ser el canto sonido formado y de que puede existir realmente algo no formado, no pudiendo, en cambio, ser formado lo que no es? Ciertamente que primero es la materia que lo que se hace de ella; mas no primero porque sea ella la que produce, antes más bien es hecha ella; ni tampoco primero por intervalo de tiempo. Porque no preferimos primero sonidos informes, sin canto, y después los adaptamos a la forma del canto, o los componemos como las tablas con las que se fabrica un arca o la plata con que se construye un vaso; porque tales materias preceden aun en tiempo a las formas de las cosas que se hacen de ellas.

Pero en el canto no sucede así. Porque cuando se canta se oye el sonido del canto, mas no suena primeramente informe y después formado en canto; porque lo que de algún modo suena primero, pasa, y no queda de él nada que, tomado de nuevo, puedas reducirlo a arte; y por eso el canto se resuelve en su sonido, el cual sonido constituye su materia y debe ser formado para que haya canto.

Y ésta es la razón por qué, como decía antes, es primero la materia del sonar que la forma del cantar; no primero por la potencia eficiente, puesto que el sonido no es el artífice del canto, antes está sujeto al alma que canta por el cuerpo, del que se sirve para formar el canto; ni tampoco primero por razón del tiempo, porque los dos se producen a un tiempo; ni tampoco por elección, porque no es más excelente el sonido que el canto, puesto que el canto no es sonido solamente, sino sonido bello; sino es primero por el origen, porque no se forma el canto para que sea sonido, sino es el sonido el que es formado para que haya canto.

Con este ejemplo entienda el que puede, que la materia de las cosas hecha primero y llamada cielo y tierra, por haberse hecho de ella el cielo y la tierra, no fue hecha primero en tiempo, puesto que las formas de las cosas son las que producen los tiempos, y aquello era informe, bien que se la conciba ligada ya con los tiempos; sin embargo, nada puede decirse de ella sino que es en cierto modo primera en tiempo, aunque sea la última en valor –porque mejores son, sin duda, las cosas formadas que las informes– y esté precedida de la eternidad del Creador, a fin de que hubiese algo de la nada, de donde poder hacer algo.

En esta diversidad de opiniones verídicas haga nacer la misma verdad la concordia y se compadezca nuestro Dios de nosotros, para que usemos legítimamente de la ley según el precepto de la misma, cuyo fin es la caridad pura.

Por eso, si alguno me pregunta cuál de ellos intentó aquel tu siervo Moisés, [le diré que] no son estos discursos propios de mis *Confesiones*, si no es confesándote que no lo sé.

Sin embargo, sé que son verdaderas todas aquellas sentencias, a excepción de las carnales, sobre las que ya he dicho cuanto me ha parecido. Mas a los pequeñuelos de grandes esperanzas no les aterran estas palabras de tu libro, sencillamente sublimes y copiosamente breves. Mas todos los que en estas palabras han dicho y visto cosas verdaderas, amémonos mutuamente y al mismo tiempo amémoste a ti, Señor Dios nuestro, fuente de toda verdad, si es que tenemos sed de ésta y no de cosas vanas. Y en cuanto a tu siervo, dispensador de esta Escritura, lleno de tu Espíritu, honrémosle de tal modo que creamos que, cuando tú le inspirabas al escribir estas cosas, tenía la vista puesta en aquello que principalísimamente sobresale en ellas por la luz de la verdad y el fruto de la utilidad.

Yo ciertamente —y lo digo de todo corazón, sin vacilar–, si, elevado a la cumbre de la autoridad, hubiese de escribir algo, más quisiera escribir de modo que mis palabras sonaran lo que cada cual pudiese alcanzar de verdadero en estas cosas que no poner una sentencia sola verdadera muy claramente, a fin de excluir las demás cuya falsedad no pudiese ofenderme. Y así no quiero, Dios mío, ser tan inconsiderado que crea no haber merecido de ti esta gracia aquel varón.

Percibió, pues, éste absolutamente en estas palabras y tuvo en la mente, cuando las escribía, cuanto de verdadero hemos podido hallar en ellas y cuanto no hemos podido o todavía no hemos podido y, sin embargo, se puede hallar en ellas.

Finalmente, Señor, tú que eres Dios y no carne y sangre, aun dado que aquel hombre no viese todos aquellos sentidos, ¿acaso se pudo ocultar a tu espíritu bueno, que me debe conducir a la tierra recta, cuando tú mismo habías de revelar a los lectores venideros en estas palabras, aunque aquel por cuyo medio han sido dictadas estas cosas no tuviese en la mente tal vez más que una sentencia de entre tantas verdaderas?

Pues si ello es así, tengamos la que él pensó por más excelsa que las demás; mas tú, Señor, o muéstranos ésta u otra verdadera que te plazca, a fin de que, bien nos muestres lo que aquel hombre pensó o bien otra cosa con ocasión de las mismas palabras, seas tú quien nos apacientes, no nos engañe el error.

¡He aquí, Señor, Dios mío, cuántas cosas, sí, cuántas cosas hemos escrito sobre tan pocas palabras! Con este procedimiento, ¿qué fuerzas, qué tiempo no nos serían necesarios para exponer todos tus libros? Permíteme, pues, que te confiese en ellos más sucintamente y que elija algo que tú me inspirares, verdadero, cierto y bueno, aunque me salgan al paso muchas cosas allí donde pueden ofrecerse muchas; y esto con tal fidelidad de mi confesión, que si atinare con lo que pensó tu ministro, sea bien y perfectamente, porque esto es lo que debo intentar; pero si no lograse alcanzarlo, diga, sin embargo, lo que tu Verdad quisiere decirme por medio de sus palabras, que también ella dijo a Moisés lo que le ayudó.

LIBRO DECIMOTERCERO

Yo te invoco, Dios mío, misericordia mía, que me criaste y no olvidaste al que se olvidó de ti; yo te invoco sobre mi alma, a la que tú mismo preparas a recibirte con el deseo que la inspiras.

Y ahora no abandones al que te invoca, tú que previniste antes que te invocara e insististe multiplicando de mil modos tus voces para que te oyese de lejos, y me convirtiera, y te llamase a ti, que me llamabas a mí. Porque tú, Señor, borraste todos mis méritos malos, para que no tuvieses que castigar estas mis manos, con las que me alejé de ti; y previniste todos mis méritos buenos para tener que premiar a tus manos, con las cuales me formaste. Porque antes de que yo fuese ya existías tú; ni yo era algo, para que me otorgases la gracia de que fuese.

Sin embargo, he aquí que soy por tu bondad, que ha precedido en mí a todo: a aquello que me hiciste y a aquello de donde me hiciste. Porque ni tú tenías necesidad de mí, ni yo era un bien tal con el que pudieras ser ayudado, ¡oh Señor y Dios mío!, ni con el que te pudiera servir como si te hubieras fatigado en obrar o fuera menor tu poder si careciese de mi obsequio; ni así te cultive como la tierra, de modo que estés inculto si no te cultivo, sino que te sirva y te cultive para que me venga el bien de ti, de quien me viene el ser capaz de recibirle.

En efecto: de la plenitud de tu bondad subsiste tu criatura, a fin de que el bien, que a ti no te había de aprovechar nada ni, proveniendo de ti, había de ser igual a ti, sin embargo, porque podía ser hecho por ti, no faltase. Porque ¿qué pudo merecer de ti el cielo y la tierra que tú hiciste en el principio? Digan: ¿qué te merecieron la naturaleza espiritual y corporal, que tú hiciste en tu sabiduría, para pender de ella hasta las cosas incoadas e informes —cada cual en su género, espiritual o corporal— que van hacia la inmoderación y una desemejanza tuya lejana, lo espiritual informe de modo más excelente que si fuese cuerpo formado, y el corporal informe de más excelente manera que si fuese absolutamente nada, y así pendieran informes de tu palabra si no fuesen llamadas por esta misma palabra a tu unidad y formadas y hechas todas ellas por ti, Bien sumo, muy buenas? ¿Qué méritos podían tener contigo para ser siquiera informes, cuando ni aun esto serían si no fuera por ti?

¿Qué pudo merecer de ti la materia corporal para ser siquiera invisible e incompuesta, cuando no sería esto si no la hubieras hecho? Ciertamente que, no siendo, no podía merecer de ti el que fuese. O ¿qué pudo merecer de ti la incoación de la creación espiritual para que, al menos, tenebrosa sobrenadase semejante al abismo, desemejante a ti, si no fuera convertida por el Verbo a sí mismo, por quien fue hecha; e iluminada por él, fuese hecha luz, si bien no igual, sí, al menos, conforme a la forma igual a ti? Porque así como en un cuerpo no es lo mismo ser que ser hermoso —de otro modo no podría ser deforme—, así tampoco, en orden al espíritu creado, no es lo mismo vivir que vivir sabiamente, puesto que de otro modo inconmutablemente comprendería.

Mas su bien está en adherirse a ti siempre, para que con la aversión no pierda la luz que alcanzó con la conversión, y vuelva a caer en aquella vida semejante al abismo tenebroso. Porque también nosotros, que en cuanto al alma somos creación espiritual, apartados de ti, nuestra luz, «fuimos algún tiempo en esta vida tinieblas», y aun al presente luchamos contra los restos de esta nuestra oscuridad, hasta ser justicia tuya, en tu Único, como montes de Dios, ya que antes fuimos juicios tuyos, como abismo profundo.

En cuanto a lo que dijiste sobre las primeras creaciones: «Hágase la luz» y la luz fue hecha, entiéndolo yo no incongruentemente de la criatura espiritual, porque era ya una cierta vida, a la que habías de iluminar. Pero así como no había merecido de ti ser tal la vida que pudiera ser iluminada, así tampoco, siendo ya, pudo merecer de ti el ser iluminada. Porque ni aun su informidad te agradara si no fuese hecha luz, no siendo, sino intuyendo la luz que ilumina y adhiriéndose a ella, para que lo que de algún modo vive, y lo que vive felizmente, no lo deba sino a tu gracia, convertida por una conmutación mejor en aquello que no pueda mudarse en cosa mejor o peor. Lo cual eres tú solo, porque tú solo eres simplicísimamente, para quien no es cosa distinta vivir de vivir felizmente, porque tu ser es tu felicidad .

Pero ¿acaso te faltaría algo en cuanto Bien, cual eres tú para ti, aunque estas cosas no fueren en modo alguno o permanecieran informes, las cuales hiciste tú no por indigencia, sino por la plenitud de tu bondad, reduciéndolas y dándolas forma, aunque no como si tu gozo hubiera de ser completado con ellas? No, sino que, como a perfecto, te desagrada su imperfección, para que tú las perfecciones y te agraden, aunque no como a imperfecto, como si tú hubieras de perfeccionarte con su perfección.

Mas tu Espíritu bueno era sobrellevado sobre las aguas, no llevado por ellas, como si en ellas descansara. Porque en quienes se dice que descansa tu espíritu, a estos tales les hace descansar en sí. Mas tu voluntad era sobrellevada incorruptible e incontaminable, bastándose ella misma en sí para sí, sobre aquella vida que habías creado, y para la cual no es lo mismo vivir que vivir felizmente, porque vive aun flotando en su oscuridad, y a la que resta convertirse a aquel por quien ha sido hecha, y vivir más y más en la fuente de la vida, y ver en su luz la luz, y así perfeccionarse, ilustrarse y ser feliz.

He aquí que ante mí aparece como en enigma la Trinidad, que eres tú, Dios mío. Porque tú, Padre, en el principio de nuestra Sabiduría, que es tu Sabiduría, nacida de ti y coeterna contigo, esto es, en tu Hijo, hiciste el cielo y la tierra.

Muchas cosas hemos dicho ya del cielo del cielo, y de la tierra invisible e incompuesta, y del abismo tenebroso según la defectibilidad vagarosa de la informidad espiritual en que hubiera permanecido si no se hubiese convertido a aquel que la había dado aquella especie de vida y mediante la iluminación se hubiese hecho vida hermosa y llegado a ser cielo del cielo de aquel que después fue hecho entre agua y agua.

Ya tenía, pues, al Padre, en el nombre de Dios, que hizo estas cosas; y al Hijo, en el nombre del principio, en el cual las hizo; y creyendo a mi Dios trinidad, como la creía, tal yo le buscaba en sus sagrados oráculos; y ved que tu Espíritu era sobrellevado sobre las aguas. He aquí a mi Dios trinidad: Padre, Hijo y Espíritu Santo, creador de todas las cosas.

Pero ¿cuál era la causa, ¡oh Luz verídica!, a quien acerco mí corazón para que éste no me enseñe cosas vanas y disipe en él sus tinieblas?, dime, te ruego por la caridad, mi madre; dime, te suplico, ¿cuál era la causa de que, después de nombrados el cielo y la tierra invisible e incompuesta y las tinieblas sobre el abismo, nombrase entonces tu Escritura a tu Espíritu? ¿Acaso porque convenía insinuarle así a fin de poder decir de él que era sobrellevado, lo cual no pudiera decirse si antes no se conmemorara aquello sobre lo que se pudiese entender que era sobrellevado tu Espíritu? Porque ni era sobrellevado sobre el Padre ni sobre el Hijo, y, sin embargo, no podría decirse propiamente que era sobrellevado si no fuera llevado sobre alguna cosa.

Así que era preciso que se nombrase primeramente aquello sobre lo que era llevado, y luego aquel a quien no convenía conmemorar de otro modo sino diciendo que era sobrellevado. Pero ¿por qué no convenía insinuarle de otro modo sino diciendo que era sobrellevado?

A partir ya de aquí, siga el que pueda con el pensamiento a tu Apóstol, que dice: «La caridad se ha difundido en nuestros corazones por el Espíritu Santo que se nos ha dado; y en orden a las cosas espirituales nos enseña y muestra la sobreeminente senda de la caridad, y dobla la rodilla por nosotros ante ti, para que conozcamos la ciencia sobreeminente de la caridad de Cristo; y que ésta es la razón por qué desde el principio era sobrellevado sobreeminentemente sobre las aguas».

¿A quién hablaré yo y cómo le hablaré del peso de la concupiscencia, que nos arrastra hacia el abrupto abismo, y de la elevación de la caridad por tu Espíritu, que era sobrellevado sobre las aguas? ¿A quién hablaré y cómo hablaré? Porque no hay lugares en los cuales somos sumergidos o emergidos. ¿Qué cosa más semejante y más desemejante a la vez? Afectos son, amores son: la inmundicia de nuestro espíritu corriendo a lo más ínfimo por amor de los cuidados, y tu santidad elevándonos a lo más alto por amor de la seguridad, para que tengamos nuestros corazones arriba hacia ti, allí donde tu Espíritu es llevado sobre las aguas, y de este modo vengamos al descanso sobreeminente, apenas haya pasado nuestra alma las aguas que son sin sustancia.

Cayó el ángel, cayó el alma del hombre, y con ello señalaron cuál hubiera sido el abismo de la creación espiritual en el profundo tenebroso si no hubieras dicho desde el principio: «Hágase la luz» y no hubiese sido hecha la luz y se adhiriese a ti obediente toda inteligencia de la celestial ciudad y descansase en tu Espíritu, que es sobrellevado inconmutablemente sobre todo lo mudable. De otro modo, aun el mismo cielo del cielo, que ahora es luz en el Señor, hubiera sido en sí mismo tenebroso abismo.

Porque aun en la misma mísera inquietud de los espíritus caedizos, que dan a entender sus tinieblas desnudas del vestido de tu luz, claramente nos muestras cuán grande hiciste la criatura racional, para cuyo descanso feliz nada es bastante que sea menos que tú, por lo cual ni aun ella misma se basta a sí. Porque tú, Señor nuestro, iluminarás nuestras tinieblas; pues de ti nacen nuestros vestidos y nuestras tinieblas serán como un mediodía.

Dáteme a mí, Dios mío, y devuélvete a mí. He aquí que

te amo, y sí aun es poco, que yo te ame con más fuerza. No puedo medir a ciencia cierta cuánto me falta del amor para que sea bastante, a fin de que mi vida corra entre tus abrazos y no me aparte hasta que sea escondida en lo escondido de tu rostro.

Esto sólo sé: que me va mal lejos de ti, no solamente fuera de mí, sino aun en mí mismo; y que toda abundancia mía que no es mi Dios, es indigencia.

Pero ¿acaso no eran sobrellevados sobre las aguas el Padre o el Hijo? Si esto se entiende del lugar como si fuera un cuerpo, ni aun el Espíritu Santo lo era; pero si se entiende de una eminencia de la inconmutable divinidad sobre todo lo mudable, entonces, juntamente el Padre y el Hijo y el Espíritu Santo eran sobrellevados sobre las aguas. Pero entonces, ¿por qué se ha dicho esto únicamente de tu Espíritu? ¿Por qué se ha dicho únicamente de él esto, como si fuera un lugar donde estuviese, él que no es lugar y del que sólo se ha dicho que es Don tuyo? En tu Don descansamos: allí te gozamos. Nuestro descanso es nuestro lugar. El amor nos levanta a allí y tu Espíritu bueno exalta nuestra humildad de las puertas de la muerte. Nuestra paz está en tu buena voluntad. El cuerpo, por su peso, tiende a su lugar. El peso no sólo impulsa hacia abajo, sino al lugar de cada cosa. El fuego tira hacia arriba, la piedra hacia abajo. Cada uno es movido por su peso y tiende a su lugar. El aceite, echado debajo del agua, se coloca sobre ella; el agua derramada encima del aceite se sumerge bajo el aceite; ambos obran conforme a sus pesos, y cada cual tiende a su lugar.

Las cosas menos ordenadas se hallan inquietas: ordénanse y descansan. Mi peso es mi amor; él me lleva doquiera soy llevado. Tu Don nos enciende y por él somos llevados hacia arriba: enardecémonos y caminamos; subimos las ascensiones dispuestas en nuestro corazón y cantamos el Cántico de los grados. Con tu fuego, sí; con tu fuego santo nos enardecemos y caminamos, porque caminamos para arriba, hacia la paz de Jerusalén, porque me he deleitado de las cosas que aquéllos me dijeron: «Iremos a la casa del Señor. Allí nos colocará la buena voluntad, para que no queramos más que permanecer eternamente allí».

Bienaventurada la criatura que no ha conocido otra cosa, cuando ella misma hubiera sido esa cosa, si luego que fue hecha, sin ningún intervalo de tiempo, no hubiera sido exaltada por tu Don, que es sobrellevado sobre todo lo mudable hacia aquel llamamiento por el cual dijiste: «Hágase la luz», y la luz fue hecha. Porque en nosotros distínguese el tiempo en que fuimos tinieblas y el en que hemos sido hechos luz; pero en aquélla se dijo lo que hubiera sido de no ser iluminada, y se dijo de este modo, como si primero hubiera sido fluida y tenebrosa, para que apareciese la causa por la cual se ha hecho que sea otra, esto es, para que, vuelta hacia la luz indeficiente, fuese también luz. Quien sea capaz, entienda, o pídatelo a ti. ¿Por qué me ha de molestar a mí, como si yo fuera el que ilumino a todo hombre que viene a este mundo?

¿Quién será capaz de comprender la Trinidad omnipotente? ¿Y quién no habla de ella, si es que de ella habla? Rara el alma que, cuando habla de ella, sabe lo que dice. Y contienden y se pelean, mas nadie sin paz puede ver esta visión. Quisiera yo que conociesen los hombres en sí estas tres cosas.

Cosas muy diferentes son estas tres de aquella Trinidad; mas dígolas para que se ejerciten en sí mismos y prueben y sientan cuán diferentes son. Y las tres cosas que digo son: ser, conocer y querer. Porque yo soy, y conozco, y quiero: soy esciente y volente y sé que soy y quiero y quiero ser y conocer. Vea, por tanto, quien pueda, en estas tres cosas, cuán inseparable sea la vida, siendo una la vida, y una la mente, y una la esencia, y cuán, finalmente, inseparable de ella la distinción, no obstante que existe la distinción. Ciertamente que cada uno está delante de sí; así que atienda a sí y vea y hábleme después. Y cuando hubiere hallado algo en estas cosas y hubiese hablado, no por eso piense ya haber hallado aquello que es inconmutable sobre todas las cosas, y existe inconmutablemente, y conoce inconmutablemente, y quiere inconmutablemente.

Ahora, si es por hallarse en ella estas tres cosas por lo que hay allí Trinidad, o si estas tres cosas se hallan en cada una para que cada una de ellas sea una terna, o si tal vez se realizan ambas cosas por modos maravillosos, simple y múltiplemente, siendo en sí para sí fin infinito, por el que es y se conoce a sí misma y se basta inconmutablemente a sí por la abundante magnitud de su unidad, ¿quién podrá fácilmente imaginarlo? ¿Quién podrá explicarlo de algún modo? ¿Quién se atreverá temerariamente a definirlo de cualquier modo?

¡Adelante en tu confesión, oh fe mía! Di al Señor tu Dios: Santo, Santo, Santo, Señor Dios mío; en tu nombre, Padre; Hijo y Espíritu Santo, hemos sido bautizados; en tu nombre, Padre, Hijo y Espíritu Santo, bautizarnos; porque también entre nosotros hizo Dios en su Cristo el cielo y la tierra, los espirituales y carnales de tu Iglesia; y nuestra tierra, antes de recibir la forma de tu doctrina, era invisible e incompuesta y estábamos cubiertos con las tinieblas de la ignorancia, porque a causa de la iniquidad instruiste al hombre, y tus juicios son como grandes abismos.

Mas, porque tu Espíritu era sobrellevado sobre las aguas, no abandonó tu misericordia nuestra miseria, y así dijiste «Hágase la luz. Haced penitencia, porque se ha acercado el reino de los cielos haced penitencia: hágase la luz». Y porque nuestra alma se había conturbado dentro de nosotros mismos, nos acordamos de ti, Señor, desde la tierra del Jordán y del monte igual a ti, pero hecho pequeño por causa nuestra; y así nos desagradaron nuestras tinieblas, y nos convertimos a ti y fue hecha la Luz. Y ved cómo, habiendo sido algún tiempo tinieblas, somos ahora luz en el Señor.

Y viste, Señor, todas las cosas que hiciste y hallaste que todas eran muy buenas; también nosotros las vemos, y nos parecen todas muy buenas. En cada uno de los géneros de tus obras, cuando dijiste que fuesen y fueran hechas, viste que cada uno de ellos era bueno. Siete veces he contado que dice la Escritura que viste que era bueno lo que creaste, y la octava nos dices que viste todas las cosas que hiciste y que no sólo eran buenas, sino muy buenas, todas ellas en conjunto. Porque tomadas cada una de por sí, son todas buenas; pero todas ellas juntas son buenas y muy buenas. Esto mismo nos dicen también los cuerpos que son hermosos; porque más hermoso es sin comparación el cuerpo cuyos miembros todos son hermosos que no cada uno de los miembros, de cuya conexión ordenadísima se compone el conjunto, aunque cada uno en particular sea hermoso.

Y puse atención para ver si eran siete u ocho veces las que viste que eran buenas tus obras cuando te agradaron; mas en tu visión no hallé tiempos por los que entendiera que otras tantas veces viste lo que hiciste; y dije: ¡Oh Señor!, ¿acaso no es verdadera esta Escritura tuya, cuando tú, veraz y la misma Verdad, eres el que la has promulgado? ¿Por qué, pues, me dices tú que en tu visión no hay tiempos, si ésta tu Escritura me dice que por cada uno de los días viste que las cosas que hiciste eran buenas, y contando las veces hallé ser otras tantas? A esto me dices tú —porque tú eres mi Dios—, y lo dices con voz fuerte en el oído interior a mí, tu siervo, rompiendo mi sordera y gritando: «¡Uy, hombre!, lo que dice mi Escritura eso mismo digo yo; pero ella lo dice en orden al tiempo, mientras el tiempo no tiene que ver con mi palabra, que permanece conmigo igual en la eternidad; y así, aquellas cosas que vosotros veis por mi Espíritu, yo las veo; y asimismo, las que vosotros decís por mi Espíritu, yo las digo. Mas viéndolas vosotros temporalmente no las veo yo temporalmente, del mismo modo que diciéndolas vosotros temporalmente no las digo yo temporalmente».

He oído, Señor Dios mío, y he gustado una gota de la dulzura de tu verdad, y he entendido que hay algunos a quienes desagradan tus obras, muchas de las cuales, dicen, las hiciste compelido por la necesidad, como la fábrica de los cielos y la composición de las estrellas; y esto, no de cosa tuya, sino que ya antes existían creadas en otra parte y por otro, y que tú las redujiste, compaginaste y entrelazaste, cuando de los enemigos vencidos fabricaste la fortaleza de este mundo, para que cautivos en esta construcción no pudieran rebelarse nuevamente contra ti; pero que otras cosas, como las carnes y los animales diminutos y todo lo que echa raíces en la tierra, ni las has hecho tú ni de ningún modo las has compaginado, sino que las has engendrado y formado una mente enemiga y una naturaleza diferente de ti y no creada por ti. Locos, dicen estas cosas porque no ven tus obras a través de tu Espíritu, ni te conocen en ellas.

Mas los que las ven a través de tu Espíritu, tú eres quien las ves en ellos. Y, por tanto, cuando ellos ven que son buenas, tú eres quien ve que son buenas, y cualesquiera que por ti les plazcan, tú eres quien les place en ellas, y los que por tu Espíritu nos placen, a ti te placen en nosotros. ¿Quién de los hombres sabe las cosas del hombre sino el espíritu del hombre que está en él? Así también, las cosas que son de Dios no las sabe nadie sino el Espíritu de Dios. Mas nosotros —dice— no hemos recibido el espíritu de este mundo, sino el espíritu que es de Dios, para que sepamos las cosas que nos han sido donadas por Dios. Mas siéntome tentado a preguntar: Ciertamente que nadie sabe las cosas que son de Dios sino el Espíritu de Dios; pero ¿cómo sabemos nosotros también las cosas que nos han sido donadas por Dios? Y oigo que se me responde: Las cosas que sabemos por su Espíritu, puede decirse que no las sabe nadie sino el Espíritu de Dios. Porque así como se ha dicho rectamente de aquellos que habían de hablar con el Espíritu de Dios: No sois vosotros los que habláis, así también de los que conocen las cosas por el Espíritu de Dios se dice rectamente: No sois vosotros los que conocéis; y, consiguientemente, a los que ven con el Espíritu de Dios se les dice no menos rectamente: No sois vosotros los que veis. Así, cuanto ven en el Espíritu de Dios que es bueno, no son ellos, sino es Dios el que ve que es bueno. Una cosa es, pues, que uno juzgue que es malo lo que es bueno, como hacen los que hemos dicho antes; otra, que lo que es bueno vea el hombre que es bueno, como sucede a muchos, a quienes agrada tu creación porque es buena, y, sin embargo, no les agradas tú en ella, por lo que quieren gozar más de ella que de ti; y otra, finalmente, el que cuando el hombre ve algo que es bueno, es Dios el que ve en él que es bueno, para que Dios sea amado en su obra, el cual no lo sería si no fuera por el Espíritu que nos ha dado; porque el amor de Dios se ha difundido en nuestros corazones por el Espíritu Santo que se nos ha dado, por el cual vemos que es bueno cuanto de algún modo es, porque procede de aquel que es, no de cualquier modo, sino ser por esencia.

¡Gracias te sean dadas, Señor! Vernos el cielo y la tierra, ya la parte corporal superior e inferior, ya la creación espiritual y corporal; y en el adorno de estas dos partes de que consta, ya la mole entera del mundo, ya la creación universal sin excepción, vemos la luz creada y dividida de las tinieblas. Vemos el firmamento del cielo, sea el que está entre las aguas espirituales superiores y las corporales inferiores, cuerpo primario del mundo; sea este espacio de aire —porque también esto se llama cielo— por el que vagan las aves del cielo entre las aguas que van sobre ellas en forma de vapor y caen en las noches serenas en forma de rocío, y estas aguas que corren graves sobre la tierra. Vemos en los vastos espacios del mar la belleza de las aguas reunidas, y la tierra seca, ya desnuda, ya formada de modo que fuere visible y compuesta y madre de hierbas y de árboles. Vemos de lo alto resplandecer los luminares: el sol, que se basta para el día, y la luna y las estrellas, que alegran la noche, y con todos los cuales se notan y significan los tiempos. Vemos toda la naturaleza húmeda, fecundada de peces y de monstruos y de aves, porque la grosura del aire que soporta el vuelo de las aves se forma con las emanaciones de las aguas. Vemos que la superficie de la tierra se hermosea con animales terrestres, y que el hombre, hecho a tu imagen y semejanza, por esta misma imagen y semejanza, esto es, en virtud de la razón y de la inteligencia, es antepuesto a todos los animales irracionales; mas al modo que en su alma una cosa es lo que domina consultando y otra lo que se somete obedeciendo, así fue hecha aún corporalmente para el hombre la mujer, la cual, aunque fuera igual en naturaleza racional a éste, fuera, sin embargo, en cuanto al sexo del cuerpo, sujeta al sexo masculino, del mismo modo que se somete el apetito de la acción para concebir de la razón de la mente la facilidad de obrar rectamente. Vemos estas cosas, cada una por sí buena y todas juntas muy buenas.

Alábante tus obras para que te amemos, y amámoste para que te alaben tus obras, las cuales tiene por razón del tiempo principio y fin, nacimiento y ocaso, aumento y disminución, apariencia y privación. Tienen pues, consiguientemente, mañana y tarde, parte oculta y parte manifiesta. Porque han sido hechas de la nada por ti, no de ti, ni de alguna cosa no tuya o que ya existiera antes, sino de la materia concretada, esto es, creada a un tiempo por ti, porque tú formaste sin ningún intermedio de tiempo su informidad. Porque siendo una cosa la materia del cielo y de la tierra y otra la forma del cielo y de la tierra, tú hiciste, sin embargo, a un tiempo las dos cosas, la materia de la nada absoluta, la forma del mundo de la materia informe, a fin de que la forma siguiese a la materia sin ninguna demora interpuesta.

También consideramos la significación por qué cosas quisiste que éstas fueren hechas con tal orden o con tal orden descritas, y vimos, por ser cada cosa buena y todas juntas muy buenas, significada en tu Verbo, en tu Único, el cielo y la tierra, la cabeza y cuerpo de la Iglesia, en la predestinación anterior a todos los tiempos sin mañana ni tarde. Pero cuando comenzaste a poner por obra temporalmente las cosas predestinadas para manifestar las cosas ocultas y componer nuestras descomposturas —porque sobre nosotros eran nuestros pecados y habíamos descendido lejos de ti al abismo tenebroso, sobre el que era sobrellevado tu Espíritu bueno para socorrernos en tiempo oportuno—, y justificaste a los impíos y los separaste de los inicuos, y afirmaste la autoridad de tu Libro entre los superiores, que sólo a ti serían dóciles, y los inferiores, que habían de sometérseles a éstos, y congregaste a la sociedad de los infieles en una misma aspiración, a fin de que apareciesen los anhelos de los fieles y te preparasen obras de misericordia, distribuyendo a los pobres las riquezas terrenas para adquirir las celestiales.

Luego encendiste ciertos luminares en el firmamento, tus santos, que tienen palabra de vida, y, llenos de dones espirituales, brillan con soberana autoridad.

Después, para instruir a las gentes infieles, produjiste los sacramentos y milagros visibles, y las voces de palabras según el firmamento de tu Libro —con que fuesen bendecidos también los fieles— de la materia corporal. Más tarde formaste el alma viva de los fieles ¡por medio de los afectos ordenados con el vigor de la continencia, y, finalmente, renovaste a tu imagen y semejanza al alma, a ti solo sujeta y que no tiene necesidad ninguna de autoridad humana que imitar; y sometiste a la excelencia del entendimiento la acción racional, como al varón la mujer, y quisiste que todos tus ministerios, necesarios para perfeccionar a los fieles en esta vida, fuesen socorridos por los mismos fieles, en orden a las necesidades temporales, con obras fructuosas para lo futuro.

Vemos todas estas cosas y todas son muy buenas, porque tú las ves en nosotros, tú que nos diste el Espíritu con que las viéramos y en ellas te amáramos.

Señor Dios, danos la paz, puesto que nos has dado todas las cosas; la paz del descanso, la paz del sábado, la paz que no tiene tarde. Porque todo este orden hermosísimo de cosas muy buenas, terminados sus fines, ha de pasar; y por eso se hizo en ellas mañana y tarde.

Mas el día séptimo no tiene tarde, ni tiene ocaso, porque lo santificaste para que durase eternamente, a fin de que así como tú descansaste el día séptimo después de tantas obras sumamente buenas como hiciste, aunque la hiciste estando quieto, así la voz de tu Libro nos advierte que también nosotros, después de nuestras obras, muy buenas, porque tú nos las has donado, descansaremos en ti el sábado de la vida eterna.

Porque también entonces descansarás en nosotros, del mismo modo que ahora obras en nosotros; y así será aquel descanso tuyo por nosotros, como ahora son estas obras tuyas por nosotros Tú, Señor, siempre obras y siempre estás quieto; ni ves en el tiempo, ni te mueves en el tiempo, ni descansas en el tiempo, y, sin embargo, tú eres el que haces la visión temporal y el tiempo mismo y el descanso del tiempo.

Nosotros, pues, vemos estas cosas, que has hecho, porque son; mas tú, porque las ves, son. Nosotros las vemos externamente, porque son, e internamente, porque son buenas; mas tú las viste hechas allí donde viste que debían ser hechas. Nosotros, en otro tiempo, nos hemos sentido movidos a obrar bien, después que nuestro corazón concibió de tu Espíritu; pero en el tiempo anterior fuimos movidos a obrar mal, abandonándote a ti; tú, en cambio, Dios, uno y bueno, nunca has cesado de hacer bien. Algunas de nuestras obras, por gracia tuya, son buenas; pero no sempiternas: después de ellas esperamos descansar en tu grande santificación. Mas tú, bien que no necesitas de ningún otro bien, estás quieto, porque tú mismo eres tu quietud. Pero ¿qué hombre dará esto a entender a otro hombre? ¿Qué ángel a otro ángel? ¿Qué ángel al hombre? A ti es a quien se debe pedir, en ti es en quien se debe buscar, a ti es a quien se debe llamar: así; así se recibirá, así se hallará y así se abrirá. Amén.

Índice

Confesiones, de San Agustín, fue
impreso en julio de 2006, en Q
Graphics, Oriente 249-C, núm.
126, C.P. 08500, México, D.F.